杨式太极长拳

总顾问　黄旭华院士

黄克刚　刘军青　李志强　编著

长江出版传媒
湖北科学技术出版社

图书在版编目（CIP）数据

杨式太极长拳 / 黄克刚，刘军青，李志强编著．
武汉：湖北科学技术出版社，2025. 7. -- ISBN 978-7
-5706-4358-5

Ⅰ. G852.11

中国国家版本馆 CIP 数据核字第 202523MW99 号

杨式太极长拳
YANGSHI TAIJI CHANGQUAN

策划编辑：余东轩　　责任校对：王晓博
责任编辑：秦　艺　　封面设计：曾雅明

出版发行：湖北科学技术出版社
地　　址：武汉市雄楚大街 268 号（湖北出版文化城 B 座 13—14 层）
电　　话：027-87679468　　邮　　编：430070

印　　刷：武汉精艺彩广告印务有限公司　　邮　　编：430048

---

710 毫米 ×1000 毫米　1/16　18.25 印张　287 千字
2025 年 7 月第 1 版　　2025 年 7 月第 1 次印刷
定　　价：86.00 元

黄旭华院士推荐言

太极拳是非常优秀的中国传统武术运动，日常坚持练习起来，有益于大家高效地学习、开心地工作和快乐地生活。

——黄旭华

根据拳先后之运转形式为四正四隅八个方面和中央运转。必须将各个动作姿势按运转着之形势，让中央发至四面八方，最后仍在中央收势，故此又名为太极运行拳。要用太极的形势，长拳的速度，有柔有刚，有快有慢，有虚有实，有动有静为主旨。

黄旭华院士健身心得笔记

黄旭华院士健身照片

编 委 成 员

黄燕妮： 黄旭华院士长女，原中国船舶集团有限公司第七一九研究所工程师。

傅才武： 武汉大学国家文化发展研究院院长、博士生导师，教育部长江学者特聘教授。

韩善明： 国家级非物质文化遗产代表性项目针灸（蕲春艾灸疗法）传承人、中医针灸主任医师。

钟　晟： 武汉大学国家文化发展研究院副教授、硕士生导师，湖北省文化产业学会秘书长。

蔡诗章： 民盟中央宣传委员会副主任委员、一级巡视员，中国传统文化促进会副会长，武汉大学国家文化发展研究院研究生行业导师。

瞿　涛： 湖北中医药大学针灸学术带头人、博士。

前　言

一

“太极”一词最早出自《周易·系辞上》：“是故《易》有太极，是生两仪，两仪生四象，四象生八卦，八卦定吉凶，吉凶生大业。”

孔子读《易》后注“十翼”纳入易学体系中构成《周易》，“太极”被确立为易学思想的最高范畴。作为华夏文明起源思想体系中的核心思想，“太极”被古人用来阐释天地万物的生成、发展与变化规律。古代思想家认为“太极”是万物运动变化之“理”，是万物生长消亡之“气”，其“寂然不动，感而遂通”，“理”与“气”皆是“太极”，是“太极”在不同维度中的表现形式。

太极形而上之谓道，形而下之谓术。太极拳是华夏文明发展过程中灿烂的文化结晶，是中华民族在不断前进中的生命智慧。

中国武术自前秦至汉为萌芽阶段，经历唐宋时期的发展，至明清时期达到巅峰，此时太极拳融合了众多流派精华后应运而生。太极拳汲取中国传统文化思想精髓，以宇宙运行的基本法则来构建其武术体系中的身法运动规律，运用太极思想及其衍生的众多学说和理论构建了太极拳的理论体系，并指导了手、眼、身、法、步在运动中的态势及其内涵的形成。太极拳通过生动的肢体语言演绎抽象的太极思想，使其不仅成为增强体质和技击能力的武术形式，更成为一种安身立命的哲学运动体系。

关于太极长拳的记录，目前已知最早的记录出现在陈氏太极拳体系，其中就有陈王廷创编太极拳之初借用一〇八式少林长拳套路的记载，而“长拳”则是中国传统武术门类中早期的拳种之一。明朝戚继光将军著《纪效书·拳经捷要篇》中记载：“古今拳家，宋太祖有三十二势长拳。”王宗岳著《十三势歌》中也提到了长拳：“长拳者如长江大海，滔滔不绝也。”王宗岳所提及的“长拳”即传统太极拳的雏形，是后人将太极思想注入长拳及其他拳术动作中，使其焕然而生的新拳种。“长”在此处也蕴含“滔滔不绝、连绵不断”之意，“滔滔不绝、连绵不断”正是太极拳显著的特征之一。

杨式太极长拳乃是杨澄甫先生所确立的传统老套路，拳谱总计包含一百二十九个动作招式，向来秘而不宣，据相关记载，杨澄甫先生仅将其传授于首徒陈月坡等极少数人。杨式太极长拳在当今社会中习练者寥寥无几，原因在于早期仅限于门派内部秘密传授，传承范围极为有限，导致掌握者稀少，甚至在某些地区已失传。此外，现代社会生活节奏快、变化频，由于其招式繁复、身法古朴、演练耗时，因此难以普及。

太极拳不仅是我们中华民族的优秀文化，更是全世界瞩目的优秀健康运动文化。2020 年 12 月，太极拳被联合国教育、科学及文化组织列入人类非物质文化遗产名录，太极拳自此正式屹立于人类灿烂的文化体系之中。

二

黄旭华院士少年曾随家族一众兄弟习武强身，青年时期开始练习杨式太极长拳，全面掌握动作要领。黄院士深知身心健康状态对于个体学习、工作、生活的重要性，一直保持日常练习杨式太极长拳的习惯，风雨无阻、从无间断，即使是在科研攻关最紧张的时刻、在出差开会的途中，他也一定会想方设法挤出一点时间来打上一套长拳，充盈精气神。

在黄旭华院士的倡导和支持下，2020 年中国船舶集团有限公司第七一九研究所成立了职工太极拳协会。黄院士对此十分欣慰，他当即表示：我可以跟大家一起打长拳了！“跟大家一起打长拳”是黄院士一贯谦逊到骨子里的风格，他真实的想法是：杨式太极长拳是传统文化的精髓，是身心健康的好东西，要把它传承下去，让它在年轻人中流传。

黄旭华院士期颐之年，仍然每周安排时间专程为大家传授长拳，为几位“关门弟子”详细讲解起落开合之间的拳法拳理，亲身示范一招一式蕴含的规律要义。黄旭华院士谆谆告诫大家：长拳易学难精，练好一套拳需要十年、二十年、三十年，就像研制核潜艇，需要沉下心来，耐住寂寞，坚定信念，久久为功。他亲自为大家签发“结业证”并深情寄语：“作为科研工作者，一定要有一个强健而充满活力的体魄，这样才能拥有充沛且源源不断的精力，才能为国家、为核潜艇事业健康工作五十年、六十年，一辈子。”

黄旭华院士授意自己的大女儿黄燕妮和助理刘军青、主编黄克刚以及李志强院长一起整理杨式太极长拳拳谱，对这一优秀的拳种进行保护性传承与传播。其间黄院士一丝不苟地为编委会审稿、改稿；为拍摄、录制中出现的偏差动作纠偏；同时，也对编委们的热情工作和辛勤付出给予了充分的肯定。在本书的整个编撰过程中，全体编委们始终为黄旭华院士生命不息、奋斗不止的精神所指引；为他严谨治学、诲人不倦的大师风范所折服；更为他对生活、对核潜艇事业的无限热爱和对后辈的悉心关怀所感动。

三

太极拳运动不仅是对身体生理系统的锻炼，更是对个体心理状态的修养，它促进了机体身心系统之间以及个体与社会、自然之间的平衡能力与适应性，从而维持了个体与自然、社会之间的和谐关系。练好太极拳、受益太极拳并非易事，整个过程中要做到明理、力行、体悟，更重在持之以恒。为了让练习者能掌握本套路的动作要领，本书在编撰内容架构时设计了三个部分：

（1）理论篇。

（2）基本功篇。

（3）套路动作教学解析篇。

为了让大家深入理解太极拳思想的核心要义及全面掌握太极拳技法，理论篇对传统太极拳理论体系进行了系统性的构建，旨在全面揭示太极拳的理论架构。鉴于本著作出版的主要目的，在对太极拳理论体系的“文、武、医、道”仅进行概括地阐述，旨在激发学者们对太极拳理论研究的兴趣。继而，探讨了太极拳在医学领域的应用机制，并引用了若干早期的学术研究，表明太极拳的医学健康价值早已受到学者们的重视。目前，关于太极拳的医学研究成果在国际及国内的学术核心期刊上屡见不鲜。

基本功篇是学习套路动作前的基础训练，也是武术训练中对身体素质的培养。对于一些初学者，或是以前没有接触过武术的人来说，了解一个武术体系类别中对身法和基本功的要求尤为重要。一百二十九势太极长拳属于传统武术范畴，对身体素质有较高的要求，尤其是持续保证身体下盘和核心力量在运动中对整体平衡能力的控制更为突出。有了扎实的基本功，掌握了其基本运动规律，在练习套路中就能缩小运动误差，同时拳法的气韵也会逐渐彰显。

本书招式、动作、规范皆遵循黄院士的身法以及传统武术身法要求，为还原杨澄甫先生当初创编一百二十九势太极长拳的拳架与拳意，故借鉴了少林长拳古谱以及杨澄甫先生的著作，力求展现出传统太极长拳的古朴风格。此外，我们还制作了与本书套路动作配套的视频教材，扫描后面的二维码即可进入参照学习，也可在全网主流视频社交平台中搜索“杨式太极长拳”账号（黄院士版本），进入参考学习。

至于是先学拳理，还是先习拳法，因人而异，但最终二者必是同步的、相辅相成的，就如同太极拳的一阴一阳，阴阳和合，缺一不可。

因执行编者造诣尚浅，太极思想博大精深，书中若有不足之处，请大家多多指教，再版时予以更正，感谢！

主编及全体编委

二〇二四年冬月

序　言

自中华人民共和国成立以来，党和政府始终关心人民群众健康生活水平的提高，并将“开展群众性的卫生活动，保护人民健康”写入了《中华人民共和国宪法》中。随着经济发展和生活水平的提高，以习近平同志为核心的党中央更加重视人民群众日益增长的健康需求。2015年，“健康中国”首次写入政府工作报告；2016年，《“健康中国2030”规划纲要》发布；2017年，“实施健康中国战略”纳入国家发展基本方略。党的二十大报告明确指出，“人民健康是民族昌盛和国家强盛的重要标志。把保障人民健康放在优先发展的战略位置，完善人民健康促进政策”，同时还着重强调“深入开展健康中国行动和爱国卫生运动，倡导文明健康生活方式”。值得关注的是，2022年3月，中共中央办公厅、国务院办公厅印发《关于构建更高水平的全民健身公共服务体系的意见》中提出打造群众身边体育运动“15分钟健身圈”，以促进体卫融合示范工程，同时也倡导了“运动是良医”的健康生活理念。这一系列举措推动了全民健康治理从“被动医疗”向“主动健康”范式的转换，也构成了中国特色社会主义新时代人民健康治理的新模式，为全球公共卫生治理贡献了中国方案。

“运动是良医”（exercise is medicine, EIM）这一理念在西方国家的形成可追溯至1953年Morris等学者关于伦敦公共交通司机冠心病发病率的开创性研究。该研究通过流行病学调查首次确立肢体活动与心血管健康的负相关性。至20世纪60年代，随着Kraus-Weber测试揭示美国青少年肌力衰退现象，运动疗法（exercise therapy）正式纳入西方循证医学体系。2007年，世界卫生组织（WHO）将运动疗法纳入全球慢性病防控战略，标志着运动干预已经从经验医学转型到循证医学范式。与此同时，欧美发达国家的一些科研机构对太极拳运动开展研究后也给予了积极的肯定。他们发现：中国的太极拳运动在现代医学机理中呈现出双重特性，即在生物力学层面符合现代康复医学的神经肌肉控制原理；在能量代谢层面则吻合中医经络学说的气血运行规律。这种跨文化的医疗智慧交融在临床试验中也得到验证，如NIH资助的相关研究中证实太极拳干预可使骨关节炎患者疼痛评分降低，疗效显著优于其他传统物理治疗。据其他临床实践观察发现，太极拳运动中意念—呼吸—动作的三维协同模式恰好构成了机体前庭功能重建的最佳刺激参数。诸如此类的研究成果让我们充分认识到中国传统武术运动在预防医学、临床辅助以及康复医学中有着一定程度的不可替代性。

作为中国传统武术的瑰宝，太极拳不仅深受专业武术爱好者的喜爱，也以其独特的哲学内涵和健身效果，在数百年的传承与发展中成为老百姓钟情的强身健体运动之一。在全民健康的时代背景下，操场上、公园里、场馆内随处可见太极拳习练者。

中国核潜艇第一代总设计师，“共和国勋章”、国家最高科学技术奖获得者黄旭华院士少年曾立志继承家学行医治世，从中也认识到运动对于身心健康的重要性，在青年时期就开始练习杨式太极长拳，几十年的坚持练习不仅为黄院士铸造国之重器的辛勤工作奠定了健康的体魄，更是其信念坚定久久为功的院士精神体现。工作间隙，黄院士不仅自己打长拳，还亲自带动同事们一起来练拳，对于每一个动作、每一次呼吸的调整都反复地进行演示，以各个不同的视角让大家看清楚每一个处的细节，一次、一次、又一次耐心地指导，直到大家掌握动作要领为止，黄院士经常跟大家说：“这么优秀的宝贝，值得人人拥有，值得与大家分享。”

作为杨式太极拳流派中传统老套路——太极长拳总计一百二十九个动作招式，如今能完整掌握者寥寥无几，对这一珍贵的武术运动项目开展抢救性保护迫在眉睫。本书主编们在向黄院士请教其习拳经验和教学实践的基础上，及时整理了杨式太极长拳拳谱，对杨式太极长拳的基本理论、套路动作和练习方法进行了系统梳理，旨在为太极拳爱好者提供了一套清晰、实用的学习指南，并掌握传统太极拳的理论体系及其健康医学机制，让杨式太极长拳这一健康运动项目在老百姓的日常生活中广泛传播。无论是初学者，还是有一定基础的太极拳爱好者，相信都能从本书中找到适合自己的内容，逐步领悟太极思想的真谛，达到增强体质、提高健康水平的目的，并有助于在快节奏的现代生活中找到内心的平静与平衡，也希望每一位读者都能在练习中感受太极之美，体会到中华传统文化博大精深的生命智慧。

李志强

二〇二四年冬

目　　录

第一篇　理论篇

第二篇　基本功篇

第三篇　杨式太极长拳套路动作解析

第一篇　理论篇

太极拳是杰出的中国传统武术项目，是华夏文明前进发展过程中璀璨夺目的文化结晶，是历代圣贤思想积累构建而成的一种蕴含生命智慧的运动体系。太极拳的每一个动作都蕴含着人类对宇宙自然规律的深邃洞悉和对生命哲学的独到见解。每一个呼吸、每一次肢体的组合变化，都不仅仅是身体的动作而已，更是个体与宇宙间微妙联动的体现，是对“道法自然”“天人合一”宏大哲学思想体系的精彩演绎。在晨光熹微的树林中，或是在水波不惊的岸边，或缓或急，或刚或柔地舒展、流动着身体，与周围的环境融为一体，呈现出一片超然物外的宁静、祥和气象。

太极拳的理论体系随着其发展而日益丰富，其玄奥的思想内涵使得许多练习者将其称为“文化拳”“思想拳”“哲拳”。太极拳的学习者普遍认识到，练好太极拳并非易事，若不细心考据，则很容易迷失于其深奥、繁杂的理论之中。这也是许多人对太极拳望而生畏的原因之一。练习者都深知要学好太极拳，必须掌握其理论，掌握拳理则能事半功倍。不明其理，难见其意；不见其意，难得其形；不得其形，则难养其气；不养其气，则周身空洞，身心难以得到真正受益。

太极拳理论的重要性不言自明，通过分析众多太极拳名家的学习历程，我们可以得出，掌握太极拳理论应从其理论体系的构建和一些经典的论著开始着手。本篇先从构建太极拳的理论体系入手，再辅之一些武学大家的体悟论著，让练习者对太极拳理论体系有一个基础性认知。通过这样的学习路径，可以逐步深入理解太极拳的哲学思想、养生之道以及技击技巧，从而在太极拳的道路上走得更远。太极拳是理论与实践相结合的。太极拳不仅能够使我们精力充沛、思维清晰，还能提高学习、工作中的行动力，更能在纷扰的世界中保持内心的平静，培养出一种从容不迫的处世态度，以及面对未来的自信和坚韧。

第一章　传统太极拳理论体系及其医学健康机制

理论体系是太极拳拳理的主要构成部分，是太极拳运动体系的思想指导。理论体系规范了太极拳运动体系中对“手眼身法步”的基本要求，形成了独特的运动规律及其价值内涵。只有理解了太极拳理论体系，清晰它的全部架构，方能轻松掌握太极拳法。太极拳的理论体系如同一座灯塔，照亮了练习者通往太极世界的道路，让练习者轻松地进入太极的世界，享受太极生活的乐趣。

在当今社会，太极拳的练习者主要是出于强身健体的需求，太极拳的健康价值因此被置于首位，并在社会中广泛传播。作为一种日常的健康运动，太极拳还被广泛应用于预防医学和康复医学领域，成为健康生活的重要方式。美国梅奥诊所（Mayo Clinic）发表过多篇研究文章，肯定了太极拳的积极医学价值，揭示了其对生理系统和心理状态的双重积极影响。除了掌握太极拳拳理外，了解太极拳的医学健康机制同样至关重要，这有助于练习者知其然，并知其所以然。太极拳的运动医学健康机制如同一把钥匙，开启了运动与健康这扇神秘的大门，让练习者在享受太极拳带来乐趣的同时，也能够清晰理解其背后的科学原理，明明白白地受益身心健康。

第一节　传统太极拳理论体系构建

中国武术自秦汉始，在历经千年的传承与发展后，太极拳术于明末清初在汲取百家思想、百家拳术后脱颖而出。太极拳在发展中历经了由格斗技术到安身立命的哲学体证过程，实现了由术及道的升华。它以拳术之小技合天地之大道，而动作不衰、德全不危，映射出中华民族文明中独到的生命哲学思想。

一、传统太极拳理论体系溯源

在近现代太极拳研究领域中，诸多太极拳名家和研究学者在其著作中对传统太极拳的理论体系进行过一些探讨，但尚未形成对其进行完整的构建论述。为了进一步完善传统太极拳的理论体系构建，必须深入研究传统文化的经典文献，并参考各传统太极拳派系的理论著作。在探索传统太极拳理论体系的过程中，需要关注传统文化中的一些“符号”，特别是无极、太极、阴阳、五行、八卦等与太极拳之间的内在联系。此外，太极拳运动的身法、步法、手法等技术细节，亦应作为理论建设的研究对象。这些技术细节不仅体现了太极拳的外在形态，更是其内在精神的体现，由此可以发展由实践到理论逆向性揭示与解读。在这一过程中，我们还应当借鉴现代运动科学的理论，以科学的方法来验证和丰富太极拳的理论体系，使之更加系统化、规范化，以适应人类社会的发展需求。同时，太极拳作为一种历经数百年传承的武术形式，其理论体系的完善也应考虑历史的演变和文化的传承。我们应该细致地考察太极拳在不同历史时期的发展脉络，以及它是如何在不同地域、不同文化背景下被接受和改造的。这种跨时代的对话，不仅能够揭示太极拳的演变规律，还能帮助我们理解其在创新性发展中的一些文化动力。此外，太极拳的理论体系构建还应结合当代人的生活方式和身体条件，以及人类社会文化的发展方向，对其再定位，使之更加符合人们对健康的需求和审美的追求，从而让这一古老的武术形式焕发新的活力，更好地服务于人类社会。

现从传统太极拳三家主流体系经典理论著作中探索传统太极拳理论体系的构成。

1. 陈式太极拳

陈式太极拳是太极拳众多体系中最早形成的流派，后来出现的杨式、吴式、武式以及孙式太极拳体系，均与陈式太极拳体系存在直接或间接的渊源联系。陈式太极拳的起源可追溯至明末清初，是由陈王廷所创造出的具有独特风格的武术运动体系，对后来的太极拳发展产生了深远的影响。

《陈氏太极拳图说》是陈氏太极拳家族武学理论的集大成之作，由陈氏第十七代传人陈鑫所著。在其著作生涯中，陈鑫陆续完成了《太极拳真铨》《太极拳图谱》《太极拳图画讲义》等重要著作，这些著作最终被汇编成册，命名为《太极拳图说》。该书于1933年首次印刷发行，之后经过重新编辑，现更名为《陈氏太极拳图说》。

在《陈氏太极拳图说》中，可以发现诸多关于传统太极拳理论的论述，这些论述不仅揭示了太极拳的理论构成，还深入探讨了对于技击和健康的应用。陈鑫的这些论述，不仅为太极拳的理论研究提供了宝贵的资料，也为广大太极拳爱好者提供了实践的指南。他以严谨的治学态度和家族责任感，将个人的心得和家族传承的武术智慧，通过文字的形式传递给了后世，使得太极拳的理论和实践得以跨越时空的界限，影响着后人对太极拳的研究与发展。

在《陈氏太极拳图说》中即发现多处涉及传统太极拳相关理论的著述：

“索序读其书，以易为经，以礼为纬，出入于黄老而一以贯之，以敬内外交养，深有合于儒家身心性命之学，不徒以进退击刺、阳开阴合，示变化无穷之妙。如古兵家所言，盖技也，近乎道矣。”

“天地之道，阴阳而已，人身亦然。顾人身之阴阳，往往不得其平，则血气滞而疾病生，故炼气之术尚焉。……先生此书，拳术骨肉停匀，盖即动静交相，养阴阳得其平之精义也。”

“明洪武七年，始祖讳卜耕读之余，而以阴阳开合、运转周身者，教子孙以消化饮食之法，理根太极，故名曰太极拳。”

陈鑫的这部著作不仅详细阐述了太极拳的理论基础，还包含了拳法实践指导和图解，形成了一套比较完整的太极拳理论体系。从上述分析可见，陈式太极拳的理论体系明显融合了儒家、道家、医家、兵家等学派的理论元素。在该书首卷中，作者广泛地引用了《河图》《洛书》《周易》《黄帝内经》等古典文献，并且融入了河图、洛书、八卦、六十四卦、无极、太极、三才、天地定位、混沌气象、人体十四经络（包括十二正经与任督二脉）等传统图示。这些华夏文明的起源思想构成了该书的核心理念，并为太极拳的理论构建提供了基础性的哲学理论支撑。进一步探究陈式太极拳的理论渊源可以发现其不仅在哲学思想上汲取了古代文明智慧，而且在实践方法上深受传统医学的影响，具体体现在陈式太极拳与中医理论的紧密联系，尤其是与《黄帝内经》中关于人体健康与疾病防治的论述相呼应。此外，陈式太极拳的理论体系还体现了对古代兵家思想的借鉴。太极拳的招式变化多端，强调以柔克刚、虚实互间、顺势而为，这与《孙子兵法》中的一些军事思想不谋而合。

综上所述，陈式太极拳的理论体系是一个融合了儒家、道家、医家和兵家等诸多学术思想的综合体系。它不仅为太极拳的练习者提供了丰富的理论指导，也为研究者提供了深入探讨的学术空间。通过这种跨学科的理论融合，陈式太极拳展现出了其独特的文化价值和实践意义。

2. 杨式太极拳

杨式太极拳流派的创始人杨露禅师从于陈氏太极拳第十四代传人陈长兴，其在京城名声显赫，广受赞誉。杨露禅的后代杨澄甫对杨氏的太极拳风格进行了系统化整理和规范，并于1931年连续出版了《太极拳使用法》和《太极拳体用全书》两部著作，这两部作品最终被汇编为《杨澄甫武学辑注》。杨氏为太极拳风格体系的创新性发展提供了先例，在当时的武术界引起了广泛关注和讨论。

杨澄甫先生在书中对传统太极拳的“八门五步”注解道：掤、捋、挤、按、採、挒、肘、靠，与方位：“北、南、东、西、西北、西南、东北、东南”，合八卦：“坎、离、震、兑、乾、坤、艮、巽”相结合，并以步法“进、退、顾、盼、定”与五行“火、水、木、金、土”相结合，这即“太极十三势”之说的来源。杨澄甫的注解不仅解析了太极拳的劲法与方位、八卦的对应关系，还进一步探讨了步法与五行的内在联系。这种结合不仅为练习者提供了更为明确的练习方法，还为太极拳理论体系的发展起到了示范性作用。

书中《太极血气根本解》吸纳了中医学基础理论：

“血为营，气为卫。血流行于肉、膜、络，气流行于骨、筋、脉。筋为骨之余，发、毛为血之余。血旺则发、毛盛，气足则筋壮。故血气之勇力，出于骨、毛、皮之外壮；气血之体用，出于肉、筋之内壮。气以血之盈虚，血以气之消长。消长虚盈，周而复始，终身用之不能尽者矣。”

并在例言中说道：

“太极拳本易之太极八卦，曰理、曰气、曰象，以演成。孔子所谓范围天地之化而不过，岂能出于理气象乎？惟理气象乃太极拳之所胚胎也。三者得能兼备，而体用全矣。然象则取法太极八卦，气则不出于阴阳刚柔，理则主宰变易不易，以穷其化。学者尤其先求其象，以养其气，久之自然能得其理矣。”

杨澄甫先生在其著作中，运用易学与中医学理论对太极拳运动体系进行了深入地理论剖析，较为透彻地分析了易学、儒学、道家与太极拳运动之间的内在联系，尝试性地阐释了太极拳在武术与医学领域同源的健康机制。杨氏的分析不仅限于理论层面，还探讨了太极拳如何在实践中体现这些抽象的概念，这为太极拳的理论与实践提供了一个新的范式，使得太极拳的哲学意蕴和文化内涵得以在后来更为深层次的发展和传播。

3. 孙式太极拳

孙禄堂先生最初研习形意拳与八卦掌成为武术名家，其后，他又将太极拳融入自身武学体系，开创了“孙式太极拳”，成为一代武术宗师。孙先生的武学理论与实践成果被整理成《孙禄堂武学集注》，并于20世纪初刊行，其后人孙婉容女士再编时在书中前言追忆道：

“先祖父品德高尚，武功造极，学识渊博，又深谙国学，感悟武术与‘周易’关联，遂参《易》修拳，首提关乎武学未来走向的‘拳与道合’之理，并冶三拳技理于一炉，创立了‘三拳形虽不同，其理则一’的孙氏太极拳……先祖阐明‘武学之道，刊行于世，裨益后学者多矣’。然‘孙氏武学著作中常引用儒、释、道三家之说，及阴阳、五行、八卦、运行之理，以阐发拳中之奥义，每有文言体裁，且引述《易经》及黄老之学’。”

书首篇在提及“刚柔曲直”时，直接引用“老庄”之述，而孙禄堂在《自序》中也说道：

“乾坤肇造，元气流行，动静分合，遂生万物，是为后天而有象。……阳衰阴盛，又为六气所侵(六气者，即风、寒、暑、湿、燥、火也)，七情所感。故身躯日弱，而百病迭生。古人忧之，于是尝药以祛其病，静坐以养其心，而又惧动静之不能互为用也，更发明拳术，以求复其虚灵之气。……故遵前二经之义，用周子《太极图》之形，取河洛之理，先后易之数，顺其理之自然，作太极拳术，阐明养身之妙。……其中本一理、二气、三才、四象、五行、六合、七星、八卦、九宫等奥义，始于一，终于九，九又还于一之数也。一理者，即太极拳术起点腹内中和之气，太极是也。”

孙氏的著作中同样是在前人的理论与论述基础上，继续挖掘易学、道家、儒家、中医思想，对太极拳理论进行发展，对二气、三才、四象、五行、六合、七星、八卦、九宫一一做了关联阐述，并述有《太极学》一篇，在探讨太极的哲学意义中全方位结合个人的武学实践，逐步剖析如何通过太极拳的修炼达到身心合一的境界，着重强调太极拳是一种精神修养和哲学思考，是对生命本质的洞察。这些见解或许是来自他对儒家、道家思想的领悟。

对太极拳陈氏、杨氏、孙氏三大派系的理论著作进行深入分析，可以观察到这些派系在构建其理论体系时，广泛吸收了易学、儒家、道家、医家以及兵家等传统文化思想的精髓。通过整合这些传统学派的思想，太极拳理论体系得以以阴阳哲学思想为根基，将中医学、养生学巧妙地融入手、眼、身、法、步之中。太极拳的每一个动作都是对自然规律的顺应和对生命节奏的体会，以肢体运动来彰显阴阳对立统一的辩证法，体现了天人合一的宇宙观，在体育、医学、文学领域内占有重要地位，从哲学、文化、精神等多个层面，对中华民族乃至世界文明产生了深远的影响。

二、传统太极拳理论体系构建

“太极”一词首见《周易·系辞上》：

“是故《易》有太极，是生两仪，两仪生四象，四象生八卦，八卦定吉凶，吉凶生大业。”

太极出现在“易”之前，为阴阳之母、四象之源，由此衍生出的八卦之象可推演出事物的生长、发展、变化规律，避凶就吉，以成全事业。孔子首次将流传已久的“太极”这一哲学概念纳入易学体系的著述中，并以“太极”为易学体系的最高范畴。

太极，作为道之本体，不仅涵盖了易道、易理、易体的全部内涵，而且在哲学上代表了宇宙万物的起源与终极原理。以“太极”为核心的易学在战国时期百家争鸣的学术氛围中孕育并发展了众多学派的理论。这一时期，诸子百家各抒己见，相互辩驳。易学思想在这一过程中得到了丰富和发展，形成一门富有东方哲学意蕴的古老思想体系。北宋时期，思想家周敦颐以易学为核心撰写了《太极图说》，对无极、太极、阴阳、五行的特性及其相互关系进行了系统性的阐述，其中"无极"与"太极"并列，体现了这一时期儒家与道家思想的交汇与融合，从而完善了太极的思想体系构建。周敦颐的这一著作，不仅在传统文化思想史上具有划时代的意义，而且在太极拳的发展史上也占据着无可比拟的地位。

王宗岳在其撰写的《太极拳论》开篇即说：

"太极者，无极而生，阴阳之母也。动之则分，静之则合。无过不及，随曲就伸。"

原封未动地引用了《太极图说》中的太极思想体系，这表明太极的思想已经根深于华夏大地的每一个领域、每一处角落。

从《太极图说》到《太极拳论》，兼纵观近现代诸太极拳理论著作及论述，可将传统太极拳理论构建为：由中国传统文化中"文、武、医、道"诸家思想精微构成的综合理论体系。

1. 传统太极拳理论体系之"文"

中国传统文化思想体系以《周易》为核心基础，衍生出儒家、道家、兵家、医家、阴阳家等众多学派，具有多元一体的明显特征。它融合了古代圣贤们的智慧，涵盖了宇宙观、人生观、道德观、本体论、方法论等多个层面的思想观点。中国传统文化这一架构不仅深刻影响了中华民族的历史进程，也是世界文化宝库中的焦点。

"文"作为传统太极拳运动指导的本源与主导，确立了太极拳的性质、运动模式及其独特风格，并为其赋予了崇高的民族精神内涵。太极拳的每一个动作中都彰显着深厚的文化底蕴，其运动过程中意念的一发一收、呼吸的一升一降、肢体的一开一合，处处都是文化符号和哲学思想的具象呈现。

(1)《周易》

华夏文明的先祖之一伏羲氏"观鸟兽之文，与地之宜，近取诸身，远取诸物，于是始作八卦，以通神明之德，以类万物之情"。继伏羲氏之后，周文王在对宇宙、生命的本体性思考后对八卦进行了进一步地推演，将其扩展为六十四卦，使得易学从简单的符号系统向丰富的演化机制逐步完善，为后来对易学的研究与发展提供了一个基本框架。

周文王的崇拜者、儒家学派创始人孔子是《周易》哲学化的重要推动者。《周易》思想中指出是太极分化阴阳两类物质进一步衍生出了少阴、太阴、少阳、太阳四象。这四象代表了自然界和人类社会中更为细致的对立与统一。八卦则是由阴爻和阳爻三重组合而成，每一卦象都映射出宇宙间的一种自然形态。它们共同构成了易学思想的基础，指导着人们以此来研究、解释宇宙间万物的演化规律。

《周易·系辞上》中说：

“一阴一阳之谓道……阴阳不测之谓神。”

华夏时期古代思想家通过对宇宙万物的形态、表达进行细致观察与分析归纳出阴阳学说，并对该理论进一步发展，用以阐释宇宙间万物所蕴含的自然法则以及这些法则发展变化的根本动因。古代思想家认为，宇宙万物均处于持续不断地生成与转化过程中，这一过程是由“阴阳”的相互作用所驱动，并遵循着一定的规律——“互立、互生、互感、互根”。阴阳学说中的对立统一规律（亦称为矛盾规律）揭示了宇宙万物内在矛盾的存在，对立与统一是矛盾双方固有的根本属性。矛盾双方的统一性（即同一性）体现了它们之间的相互依存和相互肯定，这种特征也维持了事物的内在统一性，并推动了宇宙及事物的运动、变化与演进。进一步地，古代思想家们深入探讨了“阴阳”在演进中的动态平衡，认为这种平衡是宇宙秩序和谐的基础。阴阳的动态平衡不仅体现在自然界的现象中，如昼夜更替、四季轮回，也可以用在指导人类社会生产活动中。阴阳学说的提出不仅为古代中国的哲学思想奠定了基础，还为后人通过阴阳学说的视角得以认识自然规律，从而在变化莫测的宇宙运动中寻找到生存与发展的智慧。

在易学思想体系中，阴阳是构成宇宙万物的两种最基本形态，代表了自然界中相互对立且相互依存的两种根本作用力，这一学说理论不仅贯穿于中国古代哲学思想，而且指引了中医学、武术运动、堪舆学等众多领域的发展。太极拳的拳理、拳法是在阴阳学说的基础上进行精心构建的，在对阴阳学说的实践中，身体动作中的力学机制运用尤为关键，要求在运动中展现出劲力的互根、并济、刚柔、动静、虚实、开合、快慢等原则，从而形成了一门独特的东方哲学运动。运动中，关节运动链在一定角度下产生的力学机制，在到达关节转动范围的极限时，该关节运动链的力学机制即将失效，则会通过转换角度或方向，使得这一力学机制得以继续在新的关节运动链组合中运行，这正是阴阳互根在肢体运动中的生动体现。并济则强调阴阳的不可分割性，即“阴不离阳、阳不离阴”，在身体上表现为某个关节运动力学机制对产生力的大小、正反进行有效调控。在阴阳学说动态平衡的指导下，身体运动要始终处于一种动态的平衡状态，刚与柔、动与静、虚与实、开与合、快与慢相互交织，阴阳学说融入的结果，不仅成为太极拳运动的根本内涵，也使得太极拳成为一种拥有对力量的特性可以进行无穷变化的武术运动形式，也是一种特别的运动艺术形式。

太极拳的动作既优美又充满力量，通过一系列连贯而流畅的肢体语言，生动而活泼地诠释了阴阳对立统一这一核心思想，可以看到阴阳思想在太极拳简易、不易和变易的运动形式中被巧妙运用。阴阳学说在成为太极拳运动形成与发展的根本性思想之后，无论后世对太极拳进行怎样的创新，都不能离开它。若脱离阴阳思想的指导，则将不能被称为太极拳。

《陈氏太极拳图说》着重规范了阴阳学说思想指导下身法之于刚柔与平衡的境界，借此来论断功夫的深浅和层次：

“一阴九阳根头棍，二阴八阳是散手，三阴七阳犹觉硬，四阴六阳显好手，惟有五阴并五阳，阴阳无偏称妙手，妙手一着一太极，空空迹化归乌有。”

“一阴九阳”指的是在太极拳的练习初期，阳刚的成分占主导，而阴柔的成分相对较少，这样的状态被比喻为“根头棍”，意味着身体僵硬而没有根基，轻轻一推，就会失去根基，重心不稳。而“二阴八阳”则意味随着身法的练习积累，阴柔与阳刚的成分开始趋于均衡发展，但阳刚占多数仍然感觉动作较为僵硬，不能构成整体的协调度。中期“三阴七阳”的身法表现还是让人感觉没有达到完全的松柔，阳刚略占上风，但身体的整体协调度已经完成，只是不够娴熟而已。“四阴六阳”则表示练习者身法已经达到了相当高标准的水平，动作既柔且刚，整体协调，圆活松沉，被类比为好手。“惟有五阴并五阳，阴阳无偏称妙手”，在达到阴柔与阳刚的完全平衡时，身心不偏不倚，随思而行，顺势而为，即“妙手”，这是太极拳功夫的最高境界了。“妙手一着一太极，空空迹化归乌有”，则进一步阐述了身心在完全内化阴阳学说的状态下，随性而动，无招无势，自然而然，如行云流水。这就是阴阳在太极拳中变化的奥妙，也是太极拳运动的真谛。

阴阳学说不仅仅是太极拳理论的基础，它同样也是中医学、养生学说理论体系中核心的核心。在中医的病因病机理论中，无论是“经络”“藏象”“气血”，还是“八纲辨证”“六经辨证”“脏腑辨证”“气血辨证”，均论之以“阴阳”：

“阴阳者，天地之道也，万物之纲纪，变化之父母，生杀之本始，神明之府也，治病必求于本。”(《黄帝内经》)

同样地，“法于阴阳”，或“把握阴阳”，或“和于阴阳”，还是“逆之阴阳”，都成了养生学说的根本性指导，旨在遵循“阴阳”的指导而达到“度百岁乃去”的生命智慧。

(2)儒家

《周易·说卦》中说道：

“立天之道曰阴与阳，立地之道曰柔与刚，立人之道曰仁与义。”

天之阴阳为气，是宇宙变化的根本动力；地之阴阳为质，是万物存在的基础形式；人之阴阳为德，是人类社会关系的基本准则。

春秋时期杰出的思想家及教育家孔子通过对六经的深入注解与阐释，以此发展出一套新的传统文化思想体系，从而创立了儒家学派。其学说体系以仁学为核心，并含礼的概念，形成了儒家思想的基本框架。继孟子之后，后世学者以“仁、义”二字概括儒家学说的思想核心。孔子提出“仁”的目的在于培养具有高尚道德情操的君子，以实现修身、齐家、治国、平天下的目标。在儒家的思想体系中，“仁”由“德”衍生，主要指代“仁爱、仁厚”的道德品质。该品质不仅具有伦理情感的温度，还具有普遍的社会适用性，通过一些社会实践体现个体在道德上的义务感、责任感和自律性。因此，“仁”可视为道德的一种原始而朴素的体现，贯穿于个人修养、家庭和谐、社会治理乃至世界命运共同体的各个层面，在这些过程中用“仁”才能真正体现出一个人的道德修养。

孟子以“义”为核心构建了一套系统的伦理道德观，他将“义利”观点作为对社会文明发展具有指导意义的伦理规范与道德准则，为君子实施道德行为提供了规范性的指导原则，这在当代社会依然具有显著的现实意义和价值。《孟子·告子》篇章中，孟子阐述了其对生命与道德价值的深刻见解，明确指出：“生，亦我所欲也；义，亦我所欲也。二者不可得兼，舍生而取义者也。”源于对生命价值与道德价值之间关系的哲学思考，孟子设立了在生命与道德之间进行价值取舍的伦理立场。孟子认为，在生命与道德的抉择面前，应当优先考虑道德价值，甚至不惜牺牲生命以维护道德原则。后世据此典故引申出成语“舍生取义”。这一观点彰显孟子对个体行为与社会责任之间关系的深刻洞见后对道德价值的至高推崇。

宋代儒学集大成者朱熹著作《四书章句集注》对儒家经典文献进行了系统的注解工作，在对《中庸》篇章的注解时，其首先对“中”与“庸”的概念进行了精辟阐释：

“不偏之谓中，不易之谓庸。中者，天下之正道；庸者，天下之定理。”

认为“不偏不倚谓之‘中’，恒常不变谓之‘庸’。‘中’代表了天下的正道；‘庸’代表了天下的定理”。

《中庸》篇章还对“中庸”概念进行了深入地探讨，指出：

“喜怒哀乐之未发，谓之中；发而皆中节，谓之和。中也者，天下之大本也；和也者，天下之达道也。致中和，天地位焉，万物育焉。……君子之中庸也，君子而时中。……中庸其至矣乎！民鲜能久矣。……君子依乎中庸，遁世不见知而不悔，唯圣者能之。”

儒家强调了中庸之道在个人修养中的重要性，也强调了其在社会和谐与自然秩序中的关键作用。

太极拳理论中“无过不及”的观点，其可追溯至《论语·先进》篇中所言“过犹不及”，以及《论语·尧曰》篇中所言“允执其中”。这一运动原则强调在身体运动力学上追求的中庸之道，保持身法的平衡与和谐，体现了传统武术运动对儒家思想中庸之道的推崇。中庸不仅是太极拳运动的指导法则，也是对练习者思想境界的规范要求，《陈氏太极拳图说·太极拳著解》中阐述：

“不滞不息，不乖不离，不偏不倚，即是中气。加以直养无害功夫，即是乾坤之正气，亦即孟子所谓浩然之气。……中气者，太和之元气，即

《中庸》所谓‘不偏不倚’。”

这就显而易见地说明了太极拳与儒家思想的内在联系，也剖析了太极拳作为运动锻炼之于修身养性方面的独特的价值。

《陈氏太极拳图说·人身缠丝正面图》还说道：

“劲，即气之发于心者，得其中正则为中气，养之即为浩然之气。”

太极拳理论中“浩然之气”这一概念源自孟子的思想体系，孟子主张君子应当通过“配义与道”的方式来培养自己的“浩然之气”。该气被孟子描述为“至大至刚”，它不仅是一种生理上的气息，更是一种道德上的力量。“浩然之气”代表了君子的精神状态，彰显了他们的气概和风度，体现了他们至高无上的个人品格。孟子进一步阐述，君子不应仅满足于肉体生命所固有的“自然之性”，而应追求超越感性欲求的“道德理性”。他认为只有当一个人能够“与天合德”，即与宇宙的道德法则和谐一致时，他才能真正展现出君子的真性、正性，孟子这一理论提升了后世对于道德修养和人格完善认知的宏观高度。

在太极拳的实践中，这种“浩然之气”的培养被视为一种内在修为的体现，它要求练习者在日常生活中不断涵养和提升自己的道德情操，感受天地之正气来培养和增强自身的“内气”。这一通过身体的运动来实现一种精神修养和道德实践的体证过程，不仅有助于个人身体素质的提升，还极大地促进个体以及社会健康及道德的全面进步。

儒家思想道之中庸、德之仁义塑造了传统太极拳的拳性，规范了其力学运行机制，给予了个体高尚的精神内涵，这些在其养生功效中亦意义非凡。

（3）道家

《道德经》作为道家思想的经典文献，在中国历史上有着重要的地位，也被视为国学宝库中的瑰宝，它对传统哲学、自然科学、政治学、宗教学以及现代自然科学的发展影响颇深。道家思想倡导清静无为的生活态度，强调贵虚尚柔的价值取向，认为事物的发展要顺应自然规律，避免人为、私欲的干预，通过天道的自然无为，主张心灵的虚寂与内心的清静，就能复归到自然的本真状态。

《道德经》开篇即说：“道，可道，非常道。名，可名，非常名。无名，天地之始。有名，万物之母。”在太极拳的创造过程中，积极吸纳了道家思想,《陈氏太极拳图说》中《无极图》说：

“前吾画一空圈，名曰无极图。此又画一空圈，何谓也？天地万物，皆自无而生有。自有以后，事物不可枚举。即如打拳一艺，起初原无是术，一既有之，正不妨即其有，以造至无心成化，不著形迹，则有者仍归于无矣。”

《道德经》更是在第二十八章中抛出了“无极”的概念，从而促进道家人士进一步完成了其学派的宇宙生成论,《陈氏太极拳图说》著《无极象图》一篇：

“无极者，一物未有也。太初以上，浑浑穆穆，混混沌沌，所谓大混沌者，即此时也。学者上场打拳，端然恭立，合目息气，两手下垂，身桩端正，两足并齐，心中一物无所著，一念无所思，穆穆皇皇，浑然如大混沌无极景象。故其形无可名，名之曰‘无极象形’也。”

孙禄堂亦著《无极学》：

“无极者，当人未练拳术之初，心无所思，意无所动，目无所视，手足无舞蹈，身体无动作，阴阳未判，清浊未分，混混噩噩，一气浑然者也。”

道家的“无极”，这一抽象概念，在太极拳的实践中被赋予对练习者身心状态的具体要求，是进入太极拳练习前的必要准备。太极拳运动中所倡导的虚无思想状态和放松的神经意识，是达到身心合一的先决条件。在这一状态下，练习者的杂念被摒弃，心灵得以安宁，从而实现对身心的完全收摄和对自我的高度专注。这种专精纯一的状态，正是进而对太极思想的另一种解读。在无相、无念、无住的修炼中，练习者通过自然无为的运动，使得气血得以有效利用、顺畅运行，筋骨达到和谐统一，进而促进精、气、神的自我修养，实现生理、心理与自然的全面和谐与平衡。

《道德经》第五章则更进一步深化，其文：

“天地之间，其尤橐龠乎？虚而不屈，动而愈出。”

这一比喻生动地描绘了天地之间的空虚动态，用风箱比喻象征着宇宙空间无形力量的生生不息。正如风箱在不断地运动中产生动力，天地之间的空虚也孕育着无穷的生机与活力，推动着自然界经历寒暑更迭、四季循环，万物因此充满生机与活力。同时也映照了“致虚极，守静笃”，追求心灵虚空的极致，保持内心的绝对宁静，便能洞察万物循环往复的本质。

太极拳在道家思想的具体指导下，该运动体系认为人体内的“气”与宇宙间的“气”具有同源性，引导通过身体、意识“无为”的状态促进气在经络中的往复循环，周而复始。气机遵循其内在的逻辑与规律，不依赖于外加的意识或力量，只是遵循气的固有属性与运动规律，在升降沉浮间圆转流通，推动身体自然运行。

老子还在《道德经》中相当透彻地阐述了“柔弱”的宇宙意义，披露了“柔弱”不仅是生命力的象征，更是“道”的本质体现，他认为柔弱是宇宙间普遍适用的原则，只有它能够克制刚强之体。在第四十三章中老子表达了这一观点：

“天下之至柔，驰骋天下之至坚。”

老子在第七十六章中进一步以精妙的比喻重申这一观点：

“人之生也柔弱，其死也坚强。草木之生也柔脆，其死也枯槁。故坚强者死之徒，柔弱者生之徒。是以兵强则灭，木强则折。强大处下，柔弱处上。”

他观察到生物在具有生命体征时呈现柔弱之态，而生命死亡后则变得坚硬。植物在生长时柔软韧性，枯萎时则变得干硬焦脆。因此，坚硬之物往往与死亡相伴，而柔弱之物则与活力相随。老子通过对自然的观察总结，证明了柔弱在自然界中存在的普遍规律，提醒世人应借用自然法则来总结生命的哲学。现代生态学中关于生物适应性的研究显示，适应环境的柔韧性与生命力之间存在直接相关，这一研究结论符合老子的这一前瞻性观点。

结合“物壮则老”的观点，太极拳的创造于此得到了启发，这也使得中国武术从此开始了另辟蹊径的发展，最终成为一条大道。太极拳论认为壮实无柔的身体就像“根头棍”一般不堪一击，练习的开始就是将壮硕的身体从僵硬转化为柔弱的过程，只有通过柔的训练升华到另一种意义的“柔中刚”，刚柔并济才能轻易地克制纯刚之体。这种崇柔的思想，不仅体现在武术技巧上，更是一种处世、治世智慧，主张在面对各种尖锐的矛盾时，应采取柔化的方案去应对，避免直接的冲突、碰撞。

老子思想的继承者庄子提出“道”存在于“太极”之前，太极，指代天地尚未分化之时，元气混沌一体，即为太初、太一。庄子倡导的“天地与我共生，万物与我为一”体现道家思想中宏大的宇宙观，其主张个体应超越肉体的限制，追求精神世界的自由与广阔，达到个体精神的无垠之境。庄子继承并发展了道家关于个体内在精神生命追求的理念，并对中国传统文化体系中心理性格论的发展意义重大。

太极拳将庄子“形全精复，与天为一”(《庄子·达生》)的思想理念具体化为身体运动技术，这一转化并非简单的理论套用，而是通过八种基本运动力学机制和五种基本步法形成了具身化认知体系，在运动的动态平衡中实现了“天人相参”，从而形成了一套独特的人体运动规律。不仅于此，庄子的其他诸多观点，如“心斋”“坐忘”等均被太极拳理论采纳，以此提升个体的精神世界，丰富太极拳对于宇宙观的应用。道家思想在一定程度上指导了太极拳体系构建中天、地、人、拳四者之间的关系，传统太极拳因承袭庄子的精神世界而被西方人誉为“意识体操”，这正是人与拳的关系。

太极拳在以运动来实践精神修养的过程中，保持与道家思想的高度契合，每一个动作都蕴含着对道家思想的体悟，领会道家思想的真意，引导练习者进入一种超越现实世界的境界。

(4)兵家

《陈氏太极拳图说》序言中说：

“拳法者，古兵家之支流，《汉书·艺文志》所谓技巧者是也。”

武术，作为中国传统文化组成的一部分，其技击属性根植于军事活动中单兵作战技术的历史渊源。历代武术家在古代战争中的单兵实战技能提炼与创新过程中，融合了丰富的民间文化元素，并在民间传播与发展，这不仅保留了军事格斗的核心，还逐步演化形成了具有中国特色的武术体系。

在对陈式太极拳武术套路体系的深入研究中，可以观察到诸多招式动作及其命名直接源自《纪效新书》。《纪效新书》乃明代著名军事家戚继光将军在平定倭寇战争期间，对练兵和治军经验的系统总结，是一部著名的军事学著作。戚继光将军在书中详细记载了当时军队中使用的各种格斗技巧和战术，这些内容不仅在军事活动上具有重要价值，也对后世武术的发展有着积极的意义。《纪效新书·拳经捷要》西谛版本中收录了三十二势单兵作战拳法动作，陈式太极拳就采纳了其中的二十九势，如懒扎衣、金鸡独立、高探马、单鞭、雀地龙、指裆、胯虎、当头炮等武术招式。这些招式不仅在形式上保留了古代武术的风貌，甚至将动作名称一并直接应用。陈式梨花枪夹白猿棍法亦吸纳了《纪效新书》所载的八母枪法，这些枪法动作在陈氏武学中得到了新的诠释与发展。此外，陈氏武学在身法与用法上也体现了《纪效新书》所主导的“长兵短用、短兵长用”的军事技术理念，在实战中灵活运用各种身法和器械，借长补短、反短为长，以达到克敌制胜的目的。陈式太极拳的这些特点不仅展现了武术与军事技术的紧密联系，也向世人展示了中国武术史的传承与创新。

太极拳作为中国优秀的传统武术，其身法与用法的技巧与兵家思想有着千丝万缕的联系。《三十六计》中所蕴含的诸多谋略，如金蝉脱壳、抛砖引玉、借刀杀人、以逸待劳、擒贼擒王、打草惊蛇、瞒天过海、釜底抽薪、调虎离山、顺手牵羊、声东击西、暗度陈仓、欲擒故纵、反客为主等，均被巧妙地融入其身法与用法之中，使得太极拳在演练和对抗过程中洋溢着兵家思想色彩，彰显了中国古代战术、战略的智慧。

《孙子兵法》作为兵家思想的经典之作，其言到：

“兵者，诡道也。故能而示之不能，用而示之不用，近而示之远，远而示之近。”

中国古代军事思想家在战争中善于运用虚实变化的奥秘，在太极拳的实践中，同样借用了这种虚实的变化之道。在与人对抗中，太极拳的练习者必须先掌握“虚实”概念的真谛，洞察自己的虚实、对手的虚实，通过细腻的感知和精准的判断，巧妙地运用身法利用虚实来避实击虚、以虚引实，在维持身体重心的同时化解对方的攻势。此外，太极拳中的虚实转换不仅表现在身法上的运用，它还直接调动了身体内部气血的运行机制。通过身体力学、运动力学机制间的转化产生力量在肢体中的虚实变化，有效促进气血在经络间的循行及休整，达到强壮筋骨、壮实脏腑的作用。

杨澄甫在《太极拳说十要》第四要说：

“太极拳术，以分虚实为第一义。”

2. 传统太极拳理论体系之“武”

在这里，“武”一词特指传统太极拳的运动机制，其核心是在丹田的主导作用下整体关节运动链的协调运作，而这个运动机制实质上体现为身法对缠丝功法的实践。

（1）丹田运动

《太极拳论》中说到“气沉丹田”，陈鑫要求“清气皆归于丹田”，气入丹田后，全身之气俱下则上虚下实，运动时圆转自如，周身浑然如太极气象。

丹田运动在传统太极拳的运动中占据核心地位，其因有二：力量枢纽；导引吐纳。

在传统太极拳体系中，丹田被视为周身运动力量的核心与枢纽。徐海亮发表于《中华武术》杂志的《陈小旺太极拳十大要论》中有两论涉及丹田的运动形式，第四大要论明确指出“练习太极拳就是要建立以丹田为核心一动全动节节贯穿的运动体系”；第五大要论进一步阐释了“太极拳有三种不同的运动形式”，这三种形式均与丹田的运转密切相关，具体包括丹田的左右旋转、前后旋转以及复合的左右前后旋转。通过丹田的运动，太极拳实现了劲力的阴阳转化，有效整合了全身力量，实现了以身领手、节节贯穿、一气贯通、连绵不断的运动身法。

太极拳丹田的运动是身体动作的中心，确保了肢体动作的准确性和力量的合理分配，协助了练习者对身体运动力学的全面掌控，以及提高太极拳的实战能力。对丹田的精细控制更是个体精神与意念的集中点。在太极拳的修炼过程中，通过意念引导内气，使周身之气在丹田处汇聚并沿着特定的经络路线流动，从而支配身体的运动力学机制，这种练习又一次展现了中医学之于太极拳运动力学的重要性。

太极拳中的丹田是指整个小腹区域，即位于脐下至耻骨上方的身体部位，该区域在现代体育竞赛项目中被视为核心力量训练的关键部位。现代体育竞赛项目中众多个人体育项目要求运动员具备卓越的核心力量，其定义为人体肩关节以下至髋关节以上的区域，包括骨盆在内，由腰椎、骨盆、髋关节构成的综合体，涉及 29 块肌肉。核心肌肉群中有两部分肌肉需要特别关注，其中之一是腹横肌，腹横肌作为腹肌中最深层的肌肉，其肌肉纤维呈横向排列，对于预防腰背损伤及提升运动表现具有至关重要的影响。其二骨盆底肌肉群位于骨盆底部，由多层肌肉组织构成，其收缩能够增加腹内压力并辅助腹横肌的收缩，从而实现身体稳定性的增强。核心肌肉群在运动过程中对身体姿势、运动技能及专项技术动作的稳定性与支持性发挥着关键作用，还与运动效率和力量传递的效率密切相关，是整体发力的中枢部位，对上下肢的运动起着承上启下的枢纽作用。通过一些综合性的训练方法，运动员能够全面提升核心区域的肌肉力量和控制能力，从而在竞技场上展现出更佳的身体素质表现。

此外，人体在自然站立状态下，其身体重心通常位于脊柱第二骶椎上缘前方约 7 厘米处。鉴于性别、年龄、体型等因素的差异，人体重心的具体位置存在一定的差异性。通常情况下，为身高的 55% ~ 57%。在男女差异方面，女性因为骨盆较宽、脂肪分布不同，重心比男性低 2~3 厘米，位于身高的 54%~56%。值得注意的是，第二骶椎前方 7 厘米的位置恰好与传统武术中所指的“丹田”中心相重合。在太极拳的练习中，持续保持人体重心的稳定性是基本目标，在对抗过程中破坏对手的重心稳定性，使其失去平衡机制而无法维持正常站立姿势，是实现制胜的关键策略，所以在运动中以维持丹田的地位为核心目标。

在一切生命活动、日常体育活动中，呼吸功能的发挥至关重要。若氧气供应不足，机体的能量代谢将迅速转入低效的无氧酵解状态，导致无法高效地为肢体运动提供所需能量，进而降低运动强度，缩短运动持续时间，并减弱运动产生的力量。呼吸过程中，气体在人体内的运动表现为升降出入。出入即空气在肺部的交换，即外呼吸过程——肺毛细血管血液与外界环境间的气体交换，包括肺通气和肺换气两个环节；而升降则指气体在体内的交换，即内呼吸过程——组织细胞与组织毛细血管间的气体交换以及组织细胞内的氧化代谢过程，亦称组织换气。在传统太极拳理论中，外呼吸特指空气在肺部的吐纳，而内呼吸则指气息在体内经络间的导引，两者均源于丹田的运动。丹田运动引发的呼吸方式，主要表现为腹式呼吸。在体育活动中持续维持腹式呼吸，能够持续进行有氧代谢，以满足身体运动所需的能量，促进循环系统及机体的新陈代谢功能以及正常的内分泌功能，从而确保运动中强度、时长、力量的正常发挥。

（2）整体关节运动链

传统太极拳运动理念强调“尚劲不尚力”。在这一理念指导下，太极拳练习者追求的是通过身体各部位筋与骨的协调配合，形成一种灵活多变且整体性的力量——“劲”。这种力量的产生与局部肌肉群独立作用产生的“力”有所不同，后者相对而言力量较小，且在运动中的灵活性不足。太极拳中的“劲”要求练习者在运动过程中，身体各部位如脊柱、四肢、躯干等必须高度协调，以达到劲力的整合与传递。这种整合性力量的运用，不仅体现于套路演练的每一个动作中，也体现在推手、散手等对抗性练习中。

那么，太极拳运动中筋骨是如何协同作用以产生这种整合性力量的呢？为了解析这一运动机制，我们可以借助西方运动学中的一些概念来剖析太极拳中的运动力学机制，如关节运动链。借助自然科学的思维，能清晰地帮助我们理解太极拳中劲力的产生、传递和作用，有了这些理论的辅助，我们可以更深入地探讨太极拳的运动力学原理，从而在教学和训练中更加精确地指导练习者掌握劲力的运用技巧。这种跨学科的研究融合，为传统武术的现代化研究提供了新的角度和方法。

西方运动学概念中的关节链是指人体若干环节借助关节使之按一定顺序衔接起来的肢体组合。关节运动链是研究人体运动的基础，在关节康复治疗中具有重要的运动学与生物力学意义。

周身的关节链解构如下：肩带、肩关节、上臂、肘关节、前臂、腕关节、掌指关节、指骨间关节等形成上肢运动链；由骨盆、髋关节、大腿、膝关节、小腿、踝关节、足部关节（跗骨间关节、跗跖关节、跖骨间关节、跖趾关节、足趾间关节等）等形成下肢运动链，太极拳运动中则以脊柱、胸骨构成中盘关节运动链，借助上盘（上肢）关节运动链和下盘（下肢）关节运动链来构成周身整体关节运动链，利用关节的伸展、内外旋、环转及周转，通过身法将各骨骼以一定的几何角度组合来进行力量的产生、传递与化解、输出。

《王宗岳太极拳经·十三势论》拳论中总结了传统太极拳运动中力量的产生及运行轨迹：

“其根在于脚，发于腿，主宰在腰，形于手指，由脚而腿而腰，总须一气完成”。

传统太极拳运动通过整体关节运动链的协同运动，最大化地实现了身体重量的有效下沉与传导至足底，这一过程涉及重力效应，导致在足底与地面间产生一个反作用力，即“其根在于脚”。

在太极拳的下肢关节运动链中，足部关节的联合活动确保了足部四周边缘与地面的紧密接触，这种贴合不仅保证了足底与地面间反作用力的有效面积，而且通过增加足底与地面间的摩擦力，进一步增强了运动的稳定性。足部的这种稳定贴合地面的机制，除了最大化地从地面获取反作用力外，对于维持身体重心的稳定性至关重要，这种稳定性是实现连贯、流畅动作的基础，也是在对抗中保持不败之地的关键。太极拳运动这种力学的产生对于提升下肢力量和改善身体协调性也同样具有重要作用。

踝关节的运动机制决定了由足部产生反作用力的向上传递路径，同时协调了足部关节在地面上的稳定性，确保了足底着力点、方向及大小的连续性。作为下肢关节运动链的关键环节，踝关节展现出一定的自主性，从而增强了人体在地面运动时的稳定性、灵活性和适应性。

“发于腿”即反作用力经踝关节向上至小腿过膝关节到大腿，再到骨盆的串行贯穿整个腿部。

在传统太极拳运动中，膝关节持续维持在屈曲状态，其旋内运动有助于地面反作用力向腰部的汇聚，这一运动模式展示了太极拳对身体力学机制的精妙设计，也体现了太极拳对人体结构与运动协调性的独特要求。在太极拳的肢体动作中，膝关节不仅参与下肢运动，还承担着显著的负荷，包括人体承重及荷载传递功能。这种负荷的承担，要求练习者必须具备良好的下肢力量和关节稳定性，以确保动作的准确性和流畅性。运动过程中，膝关节的屈伸动作导致身体的蹲起，以及重心在前后方向的转移。这一过程要求练习者对身体重心的控制达到高度的精准，以实现动作的稳定与平衡。同时，同侧髋关节的收展运动与膝关节的屈伸动作相配合，实现身体重心在两腿间的左右转移。这一连贯的动作序列，不仅锻炼了下肢的协调性，也加强了核心肌群的控制能力。

髋关节，亦称“胯”，是股骨头与骨盆髋臼的连接部位，这一关节部位的灵活性和稳定性对于太极拳动作的执行至关重要。髋关节能绕三个运动轴运动，可以执行屈伸、收展、旋转及环转动作。这种多轴运动能力，使得髋关节成为太极拳中实现复杂步法技巧的关键，在传统太极拳运动中，步法的技巧主要通过髋关节的主导运动来完成。

在传统太极拳的实践与理论体系中，下肢关节运动链是整体运动力学的基础支撑结构，承载着身体的重量，而且是维持身体平衡稳定性的关键所在。下盘关节运动链的协调与稳定是实现连贯动作和劲力传递的前提，它通过一系列复杂的运动力学传递过程，为中盘及上盘关节运动链提供必要的力量输出。一旦该运动链结构不稳定或组合角度出现偏差，身体的重心将无法保持在恰当的稳定状态，进而影响足底与地面间反作用力的形成，而这种反作用力是太极拳运动得以启动和持续进行的物理基础。没有了下盘关节运动链的有力支撑，太极拳的运动将变得僵硬且不稳定，无法表现出传统太极拳所要求的沉稳、松活。因此，下盘关节运动链的稳定性和功能性对于太极拳的练习者来说，必须经过长期的训练和实践来进行不断地优化和提升。

“主宰在腰”，在人体脊柱动力学系统中，腰部关节发挥着至关重要的枢纽作用，腰部不仅在力量的生成与传递过程中起到承上启下的作用，而且对于维持身体的平衡与协调具有决定性影响。腰部关节负责将上半身的重量通过脊柱传导至下肢关节运动链，并且需要将下肢关节运动链反馈的反作用力进行精确地整合与输出，以支持上半身的活动。在武术、舞蹈及体育运动中，腰部关节的枢纽作用尤为显著，它能够将下肢的稳定性与上身的灵活性相结合，形成一个高效的力量输出阵地。因此，在中盘关节运动链中，腰部关节是全身力量传递的关键环节，腰部关节的健康与功能状态，直接关系到个体的运动表现和整体健康水平。

“形于手指”即在中盘关节运动链的配合下，力量通过脊柱关节，到达上肢关节运动链的梢节部分，如肩（靠）、肘（击）、手（拳、掌、勾、刁），此处的“手指”代指梢节。

在《十三势论》篇尾提出“周身节节贯穿，勿令丝毫间断耳”这样一个身法规范，是为了强调在运动中必须将全身关节整合为一个统一的关节运动链，维持力量在周身关节传递过程中的连续性和整体性，确保劲力能在不同关节运动链组合中的顺畅传递，形成一个完整的运动力学结构。

太极拳的周身关节运动链所体现的“筋与骨合”力学机制，显著减少了局部肌肉的参与，使得动作更加灵活，对能量的需求相对较低，从而在运动中展现出卓越的耐力。周身关节运动链的构建通过对身体协调性的严格要求，反映出其内在的连贯与外在的流畅，这一理念在现代体育科学和运动康复领域具有重要的研究价值和应用潜力。

（3）缠丝功

缠丝功作为传统太极拳运动的核心运动规律，在陈式太极拳中的探讨尤为深入，杨式太极拳亦有所涉及。《陈氏太极拳图说》即有十篇专论对缠丝功法进行详细阐释，揭示了缠丝功法的基本原则及其在太极拳中的重要性。陈氏武学体系强调，在传统太极拳的运动过程中，全身各部位均需展现出螺旋缠绕式的运动形式，通过这一运用运动形式来协调周身关节。陈鑫一言道破了太极拳与缠丝功之间的联系：

“太极拳缠丝法也，进缠、退缠、左右缠、上下缠、里外缠、大小缠、顺逆缠。”

陈鑫还特别重申缠丝功之于太极拳的重要性：

“缠丝者，运中气之法门也。不明此，即不明拳。”

缠丝功作为中国武术众多体系中一项独特而巧妙的武术运动形式，其核心在于以丹田为运动的原点，通过全身的螺旋缠绕运动，实现对周身关节运动链的深度整合。这种运动形式要求练习者在每一个动作中都表现出螺旋缠绕的运动轨迹，使得身体的每一部分都能在螺旋的运动中找到其位置和作用，并实现劲力的整体统一。这种统一不仅要求力量的集中，更是对身体各部位协调性的极致追求。

在太极拳的训练体系中缠丝功占据着基础的地位，是基本功训练的入门部分，更是创造身法变化的基石。套路可以被理解为一系列不断变换的缠丝功法组合，每一个身法的运行必须是以螺旋缠绕形式为基础。因此，缠丝功的掌握程度直接关系到练习者对太极拳法的理解深度。若未能领悟缠丝功的奥秘，并将其融入每一个动作之中，练习者便无法真正理解太极拳法的精义。

缠丝功的螺旋运动模式，也是一种对阴阳学说进行阐述的肢体语言。在这一运动中，劲力的产生和传递不再是单一方向的线性过程，而是在阴阳学说的指导下形成的一种循环运动力环。这种运动力环能够有效地化解外力的产生（作用点、方向、大小）以及破坏外力荷载的产生，也形成了“连绵不断、滔滔不绝”的运动风格。

缠丝功是一种对自然法则进行深刻理解和运用的运动形式，其价值和意义远远超出了运动规律对中国武术发展的影响，这一形式不仅在身体运动技术层面具有重要意义，进一步还体现了人类社会在道家思想的指引下，“道法自然”的生命智慧。陈鑫在《陈氏太极拳图说》中就“缠丝功”还说道：

“此图专言卫生之本，还气妙诀。能善运气，始能卫其生命；能卫生命，则复性有所资养，气有所赖矣。此太极拳是有益于身心性命之学。圣贤言修身在复性，此言卫生运气以为修身复性之本。”

3. 传统太极拳理论体系之“医”

（1）《黄帝内经》

《黄帝内经》是中医学理论体系的奠基之作，位居中医学四大经典之首，约成书于西汉时期，分为“素问”与“灵枢”两部分，汇合了阴阳五行学说、经络学说、脏腑学说、病因病理学说、脉象学说、五运六气学说以及养生学等核心思想和具体的辨证论治方案，共同构成了宏大的中医学体系。《黄帝内经》以整体观思维为指导阐明了中医学的本质，构建了生理、心理、社会、自然四位一体的医学模式，并在“天人合一”思想下启发出了“天人相应”的中医哲学理念。《黄帝内经》从“天人相应”的观点出发，通过对自然界直接的解读来类比人体的生理结构和功能，论述人与自然环境之间的相互作用和影响，以医学的思维来强调人顺应自然规律的重要性。

《黄帝内经》作为中医学的经典著作，以“阴阳”同宇宙万物之间开展类比剖析，将“阴阳”这一抽象概念具象化、可感觉化，使之成为指导中医学理论建设以及辨证论治的根本。中医学关于阴阳学说的论述，不仅为太极拳在转化阴阳实践的层面上拓展了思路，也为练习者提供了一定的医学常识。通过对这部经典著作的研读能够更加准确地把握太极拳运动规则外，还能收获身心健康，实现养生目的。

此外，在该书提出了“治未病”的中医预防医学思想观点，这一观点的主旨是以围绕人们日常中的情志管理、作息规律、饮食营养、健身运动等一系列生活行为方式来开展针对性的措施，以预防疾病的发生、延缓衰老。这一高瞻远瞩的中医学观点对于两千多年后的医学发展建设来说，其价值和意义依然不可估量，对于人类科学文明高度发达的今天以及在未来发展中，无论怎么夸大都不为过分。

在太极拳创始过程中大量融入中医学的理论，是希冀于运用中医学的解剖学知识来了解人体的生理结构及其功能，使得创造的身法动作符合关节结构的活动范围，不违背人体生理构造的基本运行。为了更加地强壮身体，太极拳进一步通过采用中医学阴阳、五行、经络、藏象以及养生等概念来提高身体素质，这一系列的借鉴带来了意外收获，促使太极拳从创造之初就具备了医学元素，也注定了太极拳必将成为一项极具健康属性的运动体系。

（2）经络

经络学说作为中医学基础的组成部分，其形成和发展是一个漫长的历史过程。它起源于古代医家对针灸、按摩、导引等医事活动的积累，这些实践积累与古代解剖学知识相结合，并受到阴阳五行、藏象、五运六气等相关医学理论的启发，逐步形成一套完整的医学系统。经络学说不仅为中医学分析人体生理功能、疾病成因与机制、诊断及治疗策略提供了重要的途径，而且在临床实践中展现了其独特的疗效和应用价值。自《黄帝内经》后，经络学说逐渐成为一项具有独立性的医学学科体系，其重要性与科学性得到了医家的广泛认可和深入研究。

随着医家们长期的临床实践与理论探索，他们逐渐认识到人体脏腑气血运行的盛衰与时间的密切关联，并揭示了其固有的周期性规律。这一认识的深化促使经络学说进一步发展，形成了子午流注体系。子午流注理论的起源可追溯至《黄帝内经》，并在宋朝时期创建，至明朝时期体系趋于完善。该理论将人体的十二经络与十二时辰相对应，系统地陈述了一日内不同时间段脏腑功能盛衰的规律。例如，子时胆经兴奋，丑时肝经激发，而午时心经功能最为活跃。这一医学理论的提出为中医临床治疗提供了重要的时间医学依据。无独有偶，一千年后，基于自然科学发展的现代医学生理学也提出了生物节律的概念，指出机体内部各种生理功能活动呈现出与时间相关的周期性变化规律。生理学界认为，生物节律是人类在长期进化过程中形成的固有规律，并受到外部环境变化的影响，如月球、太阳引力等，这一研究理论为临床医学提供了新的见解和治疗策略。

经络学说作为中医的“解剖学”体系，它将人体的生理结构划分为十二条正经和八条脉络。《黄帝内经·灵枢·海论》篇说：

“夫十二经脉，内属于腑脏，外络于肢节。”

经络学说认为人体四肢百骸是通过经络系统进行相互连接，从而形成一个有机的整体，各组成部分在结构与功能上呈现出独立性、完整性与统一性。人体的经络系统宛若丝瓜瓤一般，在机体内构建起一个立体的网状结构，实现机体各生理器官上下、左右、内外、前后各部分的紧密联系与协调共济。这种结构从形态上继承了中医学的整体思维，在功能上确保了气血在全身各器官之间畅通无阻地输布，从而保障机体各项生命活动能够有效适应内外环境的变化。

经络系统的主要功能有三个方面：连接——内联脏腑，外通肢节，确保了内部器官与外部肢体的密切联系；传导——负责气血的输送与循环，使得生命活动所需的气血得以在体内各处流通；调节——实现气血的协调与平衡，通过精细的多向调控机制，维持人体内环境的稳定。经络系统确保了机体运作基本属性中的统一协调性，也证明了它对于机体生命活动的重要性，《黄帝内经·灵枢·经别》篇说道：

“夫十二经脉者，人之所以生，病之所以成，人之所以治，病之所以起，学之所始，工之所止也。”

《黄帝内经·灵枢·经脉》篇说道：

“经脉者，所以能决死生，处百病、调虚实，不可以不通。”

依据现代医学基础理论，经络学说贯穿于解剖学、生理学（运动系统、神经系统、呼吸系统、内分泌系统以及能量代谢）以及免疫学、运动力学理论体系中，全面、全程参与机体的基本生命活动。

明朝杨继洲的《针灸大成》是一本关于经络学说的集大成之作，他继承了前人所有的著名研究理论，并以科学严谨的态度，对这些前人的总结进行了实践验证、考据，成为后世医家学习和研究中医经络学的重要参考文献，这本著作也为诸多中国传统体育项目的创建提供一定的理论依据。

在中国传统体育运动项目范围中，诸多健身运动如五禽戏、八段锦、易筋经等项目均纳入了经络学说，这些健身运动旨在通过引导、调节气血在经络间的运行，以达到养生保健、延年益寿之目的。这些古老的健身方法在历代文献中均有详尽记载，并在民间深受肯定，广为传播。

陈鑫在其著作《陈氏太极拳图说》中绘述了《经穴歌录内经图》，并撰写了《任脉督脉论》一篇，对人体十二经络与任督二脉进行了图示定位，并配以穴位歌诀。陈鑫还在书中特别标注了人体经络中的一些关键穴位，这些穴位在受到轻击时可能导致人体意识模糊，而重击则可能致命。对这些穴位的认识，不仅能够迅速制服对手，还能在医疗实践中用于治疗某些疾病，这是太极拳对中医经络学说进一步理解后取得的成果。

对经络学说的应用不仅限于传统太极拳体系，比陈式太极拳更早的岳家拳也更早地融入了经络学说，《岳家拳·大血十二时口诀》中记载：

“子时气血正朝心，人睡犹如去归阴，肺乃相传之宫府，却行诸脏之气精……亥时：涌泉穴上麻石床，受伤之人面带黄，踏行一步俱难走，十二经中用妙方。”

岳家拳是直接从军事实战技术中剥离、汇编而成的一门拳法，这段口诀披露了古代军事战术对医学的应用。岳家拳在继承军事作战技术的同时，受中医学影响，也同样认识到医学理论对于身体运动的必要性后一并采用。

其他内家拳派亦有对经络学说的应用，这表明经络学说在中国武术发展历史过程中出现过一定时期的辐射效应。经过诸多武术流派对经络学说的实践证明，经络学说不仅是一种医学理论模型，可以借此对人体结构有一个全面深入的了解，更是一种能够指导实践、提升运动能力和促进健康的实用知识体系。

（3）藏象

作为中医学理论基础组成部分之一的藏象学说，其研究重点在于探讨人体内脏器官的生理机能、病理变化及其相互间的联系。该学说认为脏腑是人体生命活动的物质基础，其功能状态和病理变化可以透露于机体之外成为一种人体可感觉的征象。藏象学说将人体视为一个比经络学说更为宏观的有机整体，披露了脏腑与外界环境尤其是天文气象之间的密切联系，从而构建了一个以五脏为中心，涵盖阴阳五行、天人相应的复杂理论体系。

在藏象学说的基本理论中，肝、心、脾、肺、肾这五大脏器与阴阳、五行、天时、情志关联在一起，被赋予了丰富的象征意义和功能特性。肝，作为木元素的代表，与胆互为表里，其生理功能与春季相呼应，体现为风的特性，其在体表的对应部位为筋，而情绪上的表现则为怒。心，对应火元素，与小肠互为表里，与夏季相联系，其特性表现为热，体表对应部位为血脉，情绪上则表现为喜。脾，对应土元素，与胃互为表里，与长夏季节相吻合，其特性为湿，体表对应部位为肌肉，情绪上则体现为思。肺，对应金元素，与大肠互为表里，与秋季相对应，其特性为燥，体表对应部位为皮毛，情绪上则表现为悲。肾，对应水元素，与膀胱互为表里，与冬季相一致，其特性为寒，体表对应部位为骨骼，情绪上则表现为恐。中医学在几千年前都认识到个体的情绪、环境变化发生巨大的波动会引起机体的不良反应，导致人体疾病的发生，这又是体现中医学整体观和动态平衡观的一个论证。

在中医学中肾被视为贮藏精气与纳摄元气的重要器官，先天之精与后天之精、先天之元气与后天之气均归藏于肾。《黄帝内经·素问·上古天真论》依据肾气的盛衰，对个体的生长发育进行了极富科学参考价值的阶段性划分。《陈氏太极拳图说》之《附中气辨》说：

“气之在体，无不充周，而其统率在心。心气一发，能先听命者，肾中之志。”

陈氏太极拳陈长兴在其《十大要论》中阐释了第五论“五脏”，对五脏的归属、性质、位置、表象及功能进行论述，这些内容赫然表明武术体系建设中对中医学非常直白地借鉴与应用，他说道：

“人得五脏以成形，即由五脏而生气，五脏实为性命之源，生气之本……凡世之讲拳术者，要不能离乎斯也。”

（4）养生

中医学早期“摄生”的概念后演变为“养生”，其内涵涉及保养、涵养、调养等层面；而“生”则涵盖了生命、生存、生长之意。养生学说的起源可追溯至古代，当时人们还处于文明蒙昧时期，文化匮乏，无法形成有效应对生老病死的医学认知和方法，因此寿命较短。古人后来在日积月累的生产活动过程中应用多种方式、方法来强化体质、预防疾病、治疗疾病以颐养生命，这些方式、方法是基于对祛病强身、延年益寿经验的有效总结。养生学说源自医学并时刻与之紧密相连，在人类社会发展、生产生活过程中，自古以来就据守着重要地位。《黄帝内经》从中医学的角度出发，对人们日常生活中的情志活动、起居饮食、运动行为提供了科学指导，将这些观点一一融会贯通后就构成了养生学说的基础，提升了人们的健康素养水平。《黄帝内经·素问·上古天真论》陈述了古人的养生智慧：

“上古之人，其知道者，法于阴阳，和于术数，食饮有节，起居有常，不妄作劳，故能形与神俱，而尽终其天年，度百岁乃去。今时之人不然也，以酒为浆，以妄为常，醉以入房，以欲竭其精，以耗散其真，不知持满，不时御神，务快其心，逆于生乐，起居无节，故半百而衰也。夫上古圣人之教下也，皆谓之……虚邪贼风，避之有时，恬淡虚无，真气从之，精神内守，病安从来……"

"四气调神大论"作为中医学的经典文献位居《黄帝内经·素问》第二篇，其中对四季养生论的观点至今仍具有广泛的指导意义。该篇阐明了四季养生的基本原则，即春季的生发、夏季的盛长、秋季的收敛与冬季的蕴藏。春季气候转暖，万物开始萌发，此时适宜进行柔和的运动，应"披散头发，放松身体，以助于意志的生发"，顺应自然界的"生发"规律。夏季炎热，万物生长旺盛，适宜一些强度较高的运动，应"避免情绪激动，确保气机的宣泄"，指导机体在旺盛的阳气中寻求平衡，适应自然界"成长"的规律。秋季气候转凉，万物成熟，适宜进行节奏缓慢的运动，应"收敛精气，保持意志内守"，接续天道特性开始收敛。冬季寒冷，万物进入休眠状态，适宜进行轻微的运动，应"避寒趋暖，避免气机的过度散失"，突出了在寒冷季节中保持温暖，蕴藏机体的神志，以备来年生发。在四季更迭中，运动训练的强度和节奏应与季节特性相适应，否则可能导致养生效果适得其反，篇中说到：

"逆春气则少阳不生，肝气内变；逆夏气则太阳不长，心气内洞；逆秋气则太阴不收，肺气焦满；逆冬气则少阴不藏，肾气独沉。"

以此提醒人们在日常生活中重视制定因时制宜养生活动的必要性，这些论点为当代人在不同的季节中开展养生活动同样具有现实意义的参照价值。

《黄帝内经·素问·异法方宜论》细致分析了不同地理方位的地势、地形、地质、气候及物产等要素的特征，并解释了这些因素如何逐渐塑造出具有地域特色的生存环境与生活习惯。在长期经受各自地理环境与生活习惯以及社会文化的熏陶下人类的体质呈现出多样性，所罹患疾病及其临床表现亦各有不同。因此，在不同地域中发展出的治疗手段也应该具有各自的地方特色，这是中医哲学理念"天人相应"的又一投射，如：东方其民食鱼而嗜咸，其病皆为痈疡，其治宜砭石；西方其民陵居而多风，其病生于内，其治宜毒药；北方其地高陵居，风寒冰冽，其民乐野处而乳食，脏寒生满病，其治宜灸焫；南方阳之所盛处也，其民嗜酸而食胕，其病挛痹，其治宜微针；中央者，其地平以湿，其民食杂而不劳，故其病多痿厥寒热，其治宜导引按跻。

中医学辨证论治思想的形成，来自人类在对自然环境的适应过程中，对自然、生命本质、疾病成因更加深刻的领会。中医学辨证论治思想激发了养生活动应用方式、方法的灵活多变性。

养生学说体系在后来的独立发展中又将中医学与道家思想进行糅合，主张医养"精气神"而至长生久视。

自汉代以后，道家思想逐渐形成了以个体生命为中心的养生理论。河上公在对《道德经》的注解中表述了以道修身、治国的理念，突出了修身养性的重要性，其言"修道于身，爱气养神，益寿延年"，河上公独具匠心的注解为养生活动在后来发展中提供了基础依据。到了魏晋南北朝时期，养生之术在上层社会中风靡一时，其中嵇康所著《养生论》一篇，引领了养生学说在玄学浪潮中的发展。

在魏晋时期玄学思潮的演变过程中，衍生出了许多与古代生命科学相关的实践方式，如占卜、炼丹、导引术、吐纳法、符箓、风水以及冥想等，它们散发着古代生命科学的积极意义。占卜术在古代被视为与天地沟通的桥梁，通过解读天象、卦象来预测气候变化，为养生活动提供了天人合一的哲学指导。炼丹术则期望采用一些独特的制药工艺来炼制具有延年益寿功效的药品，其背后弥漫着对生命本质的探索。导引术和吐纳法强调身体动作与呼吸的协调，旨在以身体为"大药"来进行自我疗养。房中术则透露了性卫生与养生之间的关系，强调性活动的适度与和谐。符箓和风水是冀望于对空间环境和宇宙能量的相关利用，转化为身心的有益作用。冥想作为一种内在的精神修养方式，帮助人们达到内心的平静与自我净化，是养生活动中最被广泛采用的方式。近现代的哲学家、教育家汤用彤先生指出：

"中华方术与玄学既俱本乎道家自然之说。汉魏之际，清谈之风大盛，佛经之译出较多，于是佛教乃脱离方术而独立，进而高谈清净无为之玄致。其中演变之关键有二要义，一曰佛，一曰道。由此二义，变迁附益……至魏晋之世遂进为玄理之大宗也。”

牟宗三先生也说过：

“道家工夫自心上作，而在性上收获。无论是‘不离于宗’之天人，或‘不离于精、不离于真’之至人、神人，皆是从心上作致虚守静之工夫。从此作虚静浑化之玄冥工夫，始至天人、至人、神人之境，而养生之义亦摄于其中矣。”

在对已有的武术体系进行的创新过程中，陈氏太极拳陈王廷所依据的是道家养生理论中一部重要的典籍——《黄庭经》，他将道家的养生理念全部融入武术的每一个细节之中，从而开创性地将当时的武术体系由追求外练“筋骨皮”，转化为内修“精气神”，使得中国武术开辟了从“向外求”到“向内求”这样一个全新的发展方向。

《黄庭经》应用中医藏象学说，系统性地论述了人体脏腑的生理功能，同时融入了含有道家思想气息的诸多养生练习法则，创立了以存思、服气、积精为中枢的养生体系。

存思是个体在意念和想象力引导下进入一种内观自我、专注自我而又虚静的心理状态，突出了心神在身体和谐统一中的主导性，现代心理学研究发现这种方法与冥想或心理暗示具有相似性。在《中国科学技术史》中，生物化学和科学史学家、美国国家科学院外籍院士、中国科学院外籍院士、英国学者李约瑟博士用自然科学的笔法勾勒出冥想对人体生理状态的影响，他指出在冥想状态下个体的耗氧量与二氧化碳排放量显著降低，呼吸频率减缓，皮肤电阻显著增加，α 波活动缓慢且频率显著上升，血乳酸盐水平持续下降。血乳酸盐水平与情绪焦虑存在相关性，冥想状态能够有效降低血乳酸盐水平，从而缓解焦虑情绪。李约瑟博士采取自然科学的方法解释了冥想对生理状态的积极影响，也为我们理解传统养生方法提供了科学依据和研究方法，率先展现了东方智慧与现代科学的交汇。

隋唐时期，道教学者司马承祯以凝神守心为“性”学，养气炼形为“命”学，与苏玄朗等开始进行道家内丹养生学说的建设，并注释“内丹”为太极。李约瑟博士在《中国科学技术史》第五卷《化学及相关技术》中说道：

“内丹理论就是承认，也许是几乎出自本能地承认，作用极大的生物活性物质确实是由生物体内的代谢过程制备的。”

李约瑟博士验证了内丹术活动在人体内生理层面积极的反应，承认了养生学蕴含着中国古老智慧特色中的明智、清醒、经验主义和理性，李约瑟博士这一肯定引起了在现代科学框架下研究学者们对内丹术的重新审视，奠定了中国古老的内丹术在现代科学体系中的重要地位。李约瑟博士在对东方养生学的科学性给予了明确肯定的同时也改变了西方世界对中国文明落后的评价。

现代生理学研究也肯定了内丹术的科学性。成年人在30岁以后随着年龄的增长，机体的组织功能不可避免地会经历自然的减退和老化过程，这一过程遵循着生物学上的规律性。随着细胞分裂次数的减少和细胞修复能力的下降，机体的组织和器官功能逐渐减弱，从而导致机体对内外环境的适应能力逐步降低，健康水平受到干扰。这一退行性变化是衰老的生物学基础，而机体的老化速度与个体的养生保健实践密切相关。生活中对养生保健的实践，对于延缓衰老过程具有显著的正面效应，这一点在现代医学和预防医学领域得到了广泛的认可和推崇。

4. 传统太极拳理论体系之“道”

《周易·系辞上》中说：“形而上者谓之道，形而下者谓之器。”“一阴一阳之谓道。”“道”在中国传统文化思想中有着无出其右的地位。“道”的不朽魅力在于它虽然是一个无比抽象的思想观念，但可以贯通于人类的社会生产、生活实践活动之中，指导人们科学地开展生产生活。

太极拳在一定程度上展现了“道”其“形而上”与“形而下”的辩证统一性。在形而上的层面，它超越了单纯的身体运动，追求人类的精神世界和宇宙的运动规律的同步相合；而在形而下的层面通过饱含自然法则的运动形式强身健体，享受生活，经由身体的“道法自然”进一步完成“天人合一”的境界。

（1）道法自然

《道德经》在第四十二章构建了道家思想的宇宙生成论与本体论：

“道生一，一生二，二生三，三生万物。万物负阴而抱阳，冲气以为和。”

道家认为在天地形成之前，就存在一种“独立而不改，周行而不殆”的原始混成之物——“道”，它孕育了太极，太极为一；一化生二，二即阴阳；二化生三，即阳上升为天，阴下降为地，天地和合而生人；三化生万物，即天地和合生万物，人在天地之间，亦利用天地创造万物。宇宙间的万物皆由阴与阳构成，并在其发展变化中始终维持阴阳平衡的状态。

“道”引导天、地、人构成了一个持续创造与演进的系统。这个系统同时又是天、地、人、物和谐共存的生命共同体，这个生命共同体也是“道”。“道”贯穿于天地万物之间，它既是象征着宇宙的“天道”，又代表着承载与滋养的“地道”，人活动在天地之间，遵循天地之道而形成“人道”，“道”渗透于宇宙一切的存在之中，是人类对宇宙、对生命探索后的幽微洞见，是古中国文明卓越的思想智慧。

《道德经》第二十五章进一步阐述道：

“人法地，地法天，天法道，道法自然。”

天地生万物，万物应遵循自然规律。

以哲学的高度来审视，“道法自然”代表了宇宙的客观规律与根本法则。在现实层面，它涵盖了原始的自然状态以及由人类社会与自然界相互作用所塑造的人化自然。面对茫茫宇宙，道家用一种全息的视角，将宇宙的一切视为一个有机且和谐统一的整体，通过观察和体验自然界的循环与变化，人利用自然的生化规律在现实生活中创造出生活的智慧，这种创造体现了人类对宇宙秩序的尊重，也提醒人类应当谦卑地向自然界学习。

《陈氏太极拳图说》中说道：

“吾读诸子太极圆图，而悟打太极拳须明缠丝精。”

“诸子太极圆图”主要是指中国古代文化思想体系中的“河图洛书”，“河图洛书”不仅是一套古老的宇宙观，更是华夏先圣对宇宙的深邃解读。“河图洛书”将天、地、水、火、山、雷、风、泽八种自然现象与九数结合，并融入五行理论，构建了一个复杂而精妙的宇宙模型，用以解释和推演自然界的运行规律，其中的每一个元素都与其他元素之间相互联系、相互作用，循环往复，生生不息。

缠丝功法体系的创造灵感不仅来源于对“诸子太极圆图”的深入分析与系统总结，还源于对自然界中日、月运行轨迹和北斗星运动的细致观察与模仿，将宇宙的运行方式内化为人类身体的运动。太极拳的缠丝功法通过模拟自然界的运动方式，在动作的节奏中寻求与自然的节律相协调，招式与动作之中感悟着阴阳彼消此长的微妙变化，从而达到与宇宙运动同频共振的境界，这是“道法自然”在人类社会生产中的生动体现，也是中国古人应用自然法则的不朽智慧。

在中医学理论体系中，“五运六气”学说详细阐释了天地之气的阴阳属性及其与四季、五行的相互关系，通过天干地支与五运六气的结合，用于解析一年四季气候特征对人体生命活动的影响。它融合了天文学、气象学、生物学、物候学、历法学及医学等多个学科的知识，揭示了自然变化与人体生命活动节律之间的内在联系，强化了“天人相应”的中医哲学思想。

人遵循自然而经历生长壮老，万物遵循自然而经历生长收藏。养生之道以应顺天地运行的规律，即“顺天时，善天和”，与天地同呼吸、共生化，从而与天地同寿，《史记·太史公自序》中说：

“夫阴阳四时、八方、十二度、二十四节各有教令，顺之者昌，逆之者不死则亡。”

（2）天人合一

追溯至华夏文明的起源时期，古代圣哲通过对自然界运行规律的细致观察与反思，归纳总结出诸多重要的人类文明思想，其中“天人合一”的思想被儒家与道家共同接纳并应用，成为早期中国哲学思想的基础核心。这一思想不仅是中国古代哲学的重要议题，更是中华文明的根本性命题。天人合一的思想基础在于对人类与自然界万物同源共存的深刻洞察，它体现了人与社会、自然和谐共生的生态共同体意识，揭示了中华民族对宇宙整体及其与人类关系的根本理解，是一种宏大、全面的宇宙观、世界观。天人合一的核心观点强调从天、地、人、万物的相互关联性出发，反对孤立和片面的宇宙观。人与人、人与社会、人与自然之间存在共生共荣的关系，宇宙万物存在整体性的有机联系，人类应将自然界万物视为与自身紧密相连的存在。

在“天人合一”思想的指导下，古代中国人形成了一套与自然和谐相处的生活方式和生产模式。例如，农业活动中的耕作、播种、收获等，都与天地紧密相连。此外，古代建筑、园林设计等也充分考虑了与自然环境的和谐统一，力求达到建筑物与自然、人的完美融合。这也提醒我们应该时刻审视人与社会、自然的关系，创建一种更加和谐、可持续的绿色生态方式。季羡林先生在阐释“天人合一”思想时说道：

“天人合一就是人与大自然要合一，要和平共处，不要讲征服与被征服。对于天人合一的观念要小心翼翼地分析，在自然界中天地人是相应的。”

天人合一的核心在“气”。

元气论作为中国古代哲学理论的重要组成部分，认为“气”是构成天地万物的最基本元素；“气”的运动是万物生成、发展及演变的根本原因，天、地、人则是“气”的不同表现形式。

深入分析元气论，我们发现它不仅是中国古代唯物主义思想的基石，也是理解宇宙万物相互联系和转化的关键。若将“气”视作人体构成的基本要素，则人体的生命活动可被理解为“气”的聚合与分散过程。庄子在《知北游》中对此有精辟论述：

“人之生，气之聚也；聚则为生，散则为死。”

庄子以“气”揭示了生命的本质，即生命的诞生与消逝不过是“气”的聚集与消散。这一观点不仅为后世的哲学思考提供了丰富的想象空间，也为现代科学探索生命现象提供了新的命题。

在道家对生命本体的阐释中，生命被视为“形、气、神”三位一体的有机整体,《淮南子·原道训》中阐述：

“形者，生之舍也；气者，生之充也；神者，生之制也。”

道家的“形、气、神”三位一体的生命观，强调了生命的物质基础、能量状态和精神意识因为“气”的作用而促成了不可分割性。《淮南子·原道训》中还进一步阐释了形体、气息和精神在生命活动中的各自作用与相互关系，证明了生命活动的复杂性和完整性。

《素问·宝命全形论》中说“天地合气，命之曰人”，中医学四大篇之一《难经·八难》说“气者，人之根本也，根绝则茎叶枯矣”。中医学应用“气论”统一说明自然现象、生理活动、精神意识、病因病机、临床诊断、针药治疗、养生保健等，全面、系统地应用“气论”阐述人与社会、人与自然界的关系、人的生命活动、健康与疾病、预防与康复等。

《陈氏太极拳图说》中论“气”时说：

“能善运气，始能卫其生命；能卫生命，则复性有所滋养，气有所赖矣。此太极拳是有益于身心性命之学。”

“气”在传统太极拳理论中具有与“太极”等同重视的地位，太极即“气”，“气”即太极。以体言则为“太极”，以用言则为“气”。

天人合一的思想被太极拳具体化为身体与“气”的和谐统一过程，突出人与气的相互依存和相互影响。太极拳运动中对“气”的修炼过程可细分为五个递进阶段：敬以生气——静以养气——净以存气——精以炼气——境以合气。每一个阶段均要求练习者在精神和身体上达到更高层次的和谐，彰显了太极拳内外兼修的特点。这里的“气”不仅涵盖了先天之气与后天之气，还包括了天地间的正气。先天之气指的是人出生前所被禀赋的生命力，而后天之气则是指通过后天的修炼和生活实践所积累的生命能量。正气则是充塞天地间的浩然之气，这些都被统摄为“气”。

太极之境，无形无象、无声无臭，刚柔相摩、八卦相荡，鼓之以雷霆、润之以风雨。太极拳以“易”为经，以“礼”为纬，以道御器，成拳化医。运动中身心与道相合为一，则形神亦合而为一，走向生命的极致，体验人与社会、自然和谐共存的节律，实现精神世界的自我超越。

第二节　传统太极拳理论体系的医学健康机制

在当代社会，健康的概念已从传统的生理“无疾”概念，拓展至一个综合性的健康体系，该体系涵盖了生理、心理和社会三个维度。这一转变不仅反映了人们对健康认识的深化，也体现了当代社会对个体健康要求的提升。在这样的背景下，传统太极拳的“文武医道”理论体系，以其独特的运动形式、心理状态和精神内涵，为现代健康运动提供了宝贵的参考。通过太极拳运动的系统练习，个体不仅能够获得持续的身心健康水平，还能增强其社会适应能力，从而在社会中实现全面的健康生活。

一、道德修养的健康机制

1. 仁者寿

儒家认为人天生具有道德性，即天命所赋予的本性，对人道德性的确立是向人自身本质的复归与内在要求，继而自我完善以达到“仁”的境界。儒家视成“仁”为一个不断克服与道德无关的杂念和欲望的过程，即“修身”，通过调控身体和涵养德性，完成自我定位，自我实现。这一过程既要求克服身体对道德意识的干扰，又要求展现本心的道德光辉，其逻辑基础在于道德回归，旨在知行合一、身心统一。修身的实质是个人内在不断自我超越，追求道德至善的过程中，要求个体在面对外界诱惑和内心冲突时，能够坚守道德原则，展现出温、良、恭、俭、让。儒家还特别指出修身是个人道德完善和社会和谐的唯一通道，它要求个体在日常生活中不断自我反省，秉承中庸之道，在社会中扮演一个有道德责任感的角色。

在道家思想体系中，“道”与“德”构成了本体与功用的辩证关系，老子强调，“德”是“道”的具体表现，“道”是“德”的本体性存在，“德”是“道”的基本特性，要达到对“道”的认识，必须遵循“德”的规范来塑造自我，通过内在修养和外在行为的和谐统一，从而彰显“道”。他主张“德”是人类把握生命本质与内涵的关键，以“德”充实和积累生命力，个体可以实现生命的持久与永恒。

庄子进一步提出了“物得以生谓之德”的观点，意为“德”是万物从“道”中获得构成自身生成的条件。庄子认为对于生命体而言，“德”即生命力的体现，是生命得以维持和发展的根本。他进一步阐述，“德”是“道”的自然纯朴性在人性中的映射，是人从“道”中获得的、体现天真与自然的内在品质。庄子还认为“德”是“道”的全面体现，是“道”在生命体中的完整映射。这三种对“德”的理解，庄子均视之为生命存在的内在基础，是保持生命本真意义、防止异化的内在保障。庄子的这些观点丰富了道家哲学中“道”与“德”的内涵，也同时倡导人们以“德”的修养来达到与“道”的统一中追求精神世界的自由与博大，达成一种超越形式、追求本质的生活态度。

儒家和道家思想自汉以后成为社会主流思想，其对道德与性命的阐释影响着后世文化思想的发展与建设，自魏晋至唐宋，儒、道、医皆以道德修养为颐养性命的最高准则，明朝王文禄在其著作《医先》中说“养德，养生，无二术”，修养德性即颐养性命。

儒家经典《论语·雍也》早就说道：“知者乐，仁者寿。”其中“仁者”即指代具备高尚道德品质的君子，古代称“人”，意即性情德厚的君子都是长寿之相。《中庸》亦有这样的阐述：大德之人必将获得相应的社会地位、俸禄、名望以及生命的长寿。汉儒董仲舒在其著作《春秋繁露·循天之道》中对“仁者寿”进行了剖析：

“故仁人之所以多寿者，外无贪而内清净，心平和而不失中正，取天地之美以养其身，是其且多且治。”

古代的仁德君子对于物质条件没有过多的奢念，内心清净平和，行事不偏不倚，坚守正道，顺应天地四时，发现并借鉴自然规律中的“美德”充分滋养身心，所以健康而长寿，这样的例子在古代社会中十分普遍。

东汉时期儒家学者荀悦在其著作《申鉴·俗嫌》中深刻阐述了“仁者寿”的内涵。他提出：

“仁者寿，何谓也？曰：仁者内不伤性，外不伤物，上不违天，下不违人，处正居中，形神以和，故咎征不至而休嘉集之，寿之术也。”

荀悦以儒家视角认为，仁者不仅不损害自身的本真性情，亦不损害他人与外物；既不违背自然法则，亦不违背社会伦理，且尊重他人，保持性情中正、身心和谐统一。这种高尚的道德情操和精神境界，使得仁者即使面临困境，亦能化险为夷，此乃长寿之道。

宋代儒学学者邢昺在《论语注疏》中，对“仁者寿”进行了自己的注解。他提出：

“仁者寿者，言仁者少思寡欲，性常安静，故多寿考也。”

邢昺几乎是同样地认为，君子没有什么忧虑，淡泊明志、安贫乐道、性情恬静，因此饱含仁德而健康长寿现象颇为普遍。在古代思想家看来，健康长寿并非偶然，而是道德修养、精神境界与自然法则和谐统一的产物。“仁者寿”的现象提醒在当代社会文化、科技发达时代中，我们在追求物质生活的同时也不能忽视精神层面的修养，应参照“仁者寿”的生活哲学态度促进身心的健康与和谐，这是一个高层级的宇宙生态观。

2. 道德修养与“神经—内分泌—免疫”理论

以自然科学的视角来解读“仁者寿”现象，需深入借助现代医学生理学中“神经—内分泌—免疫”学说的相关理论，以及医学心理学等相关领域的理论知识。具体而言，该现象的医学机制涉及人体内复杂的生物化学反应，包括神经递质的释放、激素水平的调节、免疫分子的活跃性以及心理状态的稳定，这些因素共同作用于个体的生理机能活动而干预健康水平。医学心理学着重于研究揭示个体心理状态与身体生理机能健康之间的影响，例如，积极的情绪和乐观的心态如何促进免疫系统的功能，降低慢性疾病的风险等。因此，经由综合运用医学生理学、神经心理学和医学心理学的理论，我们就能够更全面地解开“仁者寿”这一思想观念背后隐藏的医学原理。

首先看看中医学解读情志与疾病的关系，《黄帝内经·素问·阴阳应象大论》中将人的五种情志与五脏、四季、五行、六淫、五味进行了取类比象的阐述：

“人有五脏化五气，以生喜怒悲忧恐。故喜怒伤气，寒暑伤形，暴怒伤阴，暴喜伤阳。厥气上行，满脉去形。喜怒不节，寒暑过度，生乃不固。……东方生风，风生木，木生酸，酸生肝……在志为怒。怒伤肝，悲胜怒……南方生热，热生火，火生苦，苦生心……在志为喜。喜伤心，恐胜喜……中央生湿，湿生土，土生甘，甘生脾……在志为思。思伤脾，怒胜思……西方生燥，燥生金，金生辛，辛生肺……在志为悲。悲伤肺，喜胜悲……北方生寒，寒生水，水生咸，咸生肾……在志为恐。恐伤肾，思胜恐。”

南宋医家陈无择在整合《素问》《金匮要略》的观点并承袭葛洪的说法后著《三因极——病证方论》提出“三因学说”：“然六淫，天之常气，冒之先自经络流入，内会于脏腑，为外所因。七情，人之常情，动之则先自脏腑郁发，则见于肢体，为内所因。其如饮食饥饱……尽度神量，疲极筋力，阴阳违逆，乃至虎狼毒虫……，有悖常理，为不内外因。”即以六淫为病为外因，七情所伤为内因，非外邪与情志所伤者为不内外因。陈无择的“三因学说”得到后世医学的重视和认同，这里的七情是指中医学中对人体情绪的总结：喜、怒、忧、悲、思、恐、惊。清代医学家高世栻在《医学真传·七情内伤》中说道：

“喜、怒、忧、悲、思、恐、惊，谓之七情。七情通于五脏：喜通心，怒通肝，忧通肺，悲、思通脾，恐通肾，惊通心与肝。故七情太过，则伤五脏。七情内伤，则有所亏损，疗之不易也。”

在西方科学发展过程中，心理学的一个分支发展为医学心理学，这一领域的学者们对于个体的心理状态与健康水平之间的复杂关联开展过长期研究。加利福尼亚大学的心理学家保罗·艾克曼，通过对社会人群情绪表达的细致观察和模型分析，总结并证实了人类的四种基本情绪：愤怒、悲伤、恐惧、喜悦。从他的研究开始，人们逐渐了解情绪状态与个体健康状态之间的直接相关性，这一研究也为情绪与健康关系的理论框架提供了又一个实证基础。随后，医学专家在重新定义现代健康概念时，将个体的情绪状态和社会关系的和谐程度调整了新的考量指标，强调了心理健康在整体健康中的重要性。

愤怒作为一种情绪失控的表现形式，与焦虑、抑郁并列为三大负面情绪，它们对个体健康的负面影响不容忽视。斯坦福大学医学院研究人员对心脏病患者在愤怒情绪下的生理反应进行了研究，他们发现，当心脏病患者被引导回忆并叙述引发愤怒的事件时，其心脏泵血效率平均下降了5%，在某些患者中甚至下降了7%，这一变化已达到心脏病学家所认定的心肌缺血的临界值。此外，耶鲁大学医学院对929名心脏病患者进行了长达10年的追踪调查，研究结果表明：那些容易被激怒的患者，其心搏停止的概率是情绪平和者的3倍。这一发现进一步揭露了愤怒情绪与心脏病之间的紧密联系，并提醒愤怒在所有情绪中对心脏病影响的显著性。研究者还发现，频繁出现的愤怒或其他强烈负面情绪会引发全身应激反应，导致荷尔蒙水平升高，从而增加心脏病发作及死亡的风险，这些针对生理变化与健康的研究，为临床医学提供了新的科学依据。

悲观情绪与抑郁之间的联系已被多项研究所证实，抑郁状态会削弱人体免疫系统的功能，降低对肿瘤和感染的抵抗力。一项针对122名首次心脏病发作的男性进行的乐观与悲观程度测试及追踪调查揭示了心理状态与健康结果之间的关联。在8年的追踪期间，25名最悲观情绪的患者中有21人不幸去世，而最乐观群体中仅有6人死亡，这一结果凸显了积极心态在心脏病患者康复过程中的潜在作用。研究者们认为，乐观态度会减少应激反应和改善免疫功能来促进健康，而悲观态度则可能通过相反的机制增加疾病风险。

焦虑和抑郁情绪在现代社会中的普遍性显著增加，长期的焦虑、抑郁、紧张或不满、愤世嫉俗和敌对情绪的人群，其患病风险是普通人的 2 倍，包括哮喘、关节炎、头痛、胃溃疡以及心脏病。高压力状态下的学习或工作易引发焦虑，心理压力和焦虑对身体的潜在威胁可从解剖学微粒水平进行精确测量。匹兹堡大学心理学家史蒂芬·曼纽克在实验室对 30 名受试者进行严峻、紧张的考验中同步监测其血液，受试者在承受巨大压力时，发现其血小板分泌三磷酸腺苷（ATP）导致血管变化，ATP 水平显著升高，心率和血压同步上升，易引发心脏病和脑卒中。一项针对 569 名结肠癌患者及其对照组的研究显示，自称在过去 10 年中承受巨大工作压力的患者，与无压力者相比，患癌症的可能性是后者的 5.5 倍。这些研究结果共同指向了心理压力与身体健康之间的密切联系，均表明在现代社会中心理健康的维护对于预防和治疗慢性疾病的必要性。

抑郁情绪不仅干扰了个体的整体心理健康，也具有加重心脏病程度的或然性。一项针对 2832 名中年男女长达 12 年的跟踪研究发现，约 3% 最严重的抑郁群体相较于无抑郁情绪的群体，其心脏病死亡率是后者的 4 倍。抑郁显著提高了心脏病复发的概率，可能是因为抑郁影响了心率变化，增加了致命心律不齐的风险。此外，抑郁还可能增加髋骨骨折康复的难度。迪恩·奥尼什博士在一项创新的心脏病治疗项目中，以身心放松为核心，并配合低脂饮食，经过一年的参与，原本需要进行冠状动脉搭桥手术的患者有效遏制了动脉堵塞斑块的形成。奥尼什博士认为，这种“放松回应”与引发众多疾病的应激机制相对立，通过身心放松训练可以缓解应激状态下激素释放对机体的损害。这一研究发现不仅为心脏病患者提供了新的治疗思路，也为心理健康与身体健康之间的相互作用增加了新的视角。奥尼什博士的项目强调了在心脏病治疗中，除了传统的药物和手术治疗外，心理干预同样具有不可忽视的作用，这样的研究成果会为患者群体提供更全面的治疗方案。

梳理“仁者寿”的医学健康的根本性机制，需要进一步采用神经心理学的理论框架与研究成果。

现代神经心理学理论指出，个体的认知、学习、记忆、情绪及语言功能主要由大脑的多个区域共同参与并实现。在神经心理学领域，情绪的产生与脑部机制紧密相关，其中边缘系统在情绪调节中扮演着至关重要的角色，尤其是包括杏仁核、海马、扣带回和隔区在内的四个关键结构。研究显示，杏仁核作为恐惧和愤怒反应的核心区域，似乎主导了对危险情境的评估，并触发相应的恐惧与愤怒情绪。扣带回与情绪的联系极为复杂，动物实验表明，扣带回受损的猴子会丧失明显的情绪反应。隔区被认为是情绪反应的抑制结构，一旦受损，动物会表现出异常的凶猛和难以驯服的行为。在人脑中，杏仁核被赋予了情绪监控的关键角色，其工作机制及其与新皮层的相互作用构成了情绪调节的核心。杏仁核具备广泛的神经联结网络，使其在情绪危机发生时能够指挥和驱动大脑的其他多个区域，包括理性脑。在大脑机制的运作过程中，负责联络和整合情绪活动中输入与输出信息的是神经元，神经元能够感知环境变化，并将信息传递给其他神经元。在信息传递过程中，神经元释放的神经递质或神经调质总称为神经肽，神经肽广泛分布于中枢神经系统、外周神经系统以及肠胃、心血管、呼吸、生殖、免疫等全身各系统。神经肽除了以神经激素、神经递质和神经调质的形式发挥作用外，还可以通过旁分泌、自分泌的方式作为细胞因子其作用，参与生长、发育、认知、行为等各种生理功能的调节。 进一步地，研究者们发现，情绪的产生与大脑的神经化学过程密切相关。例如，血清素和多巴胺等神经递质在情绪调节中扮演着关键角色，它们的水平变化与情绪状态的波动有着直接的联系。此外，情绪的产生还与大脑的结构和功能的可塑性有关，即大脑在经历不同的情绪体验后，其结构和功能会相应地发生改变。这种可塑性是学习和记忆情绪经验的基础，也是个体适应环境变化、形成情绪记忆的关键。此外，遗传学研究揭示了情绪调节与特定基因表达之间的联系，为情绪障碍的预防和治疗提供了潜在的靶点。综上所述，情绪的产生是一个涉及多个脑区、多种神经递质和神经调质，以及遗传和环境因素相互作用的复杂过程。这一过程不仅受到个体生物化学环境的影响，还与个体的生活经历、社会互动以及文化背景紧密相关。情绪机制的复杂性要求我们从多学科的角度进行综合考量，以期更全面地理解情绪如何影响个体的身心健康以及社会功能。

人体生理系统的运作是一个高度复杂的整体机制，在情绪的产生、反馈与调节过程中，内分泌系统扮演着积极且关键的调节角色。该系统通过分泌激素在体内发挥其功能，与神经系统的调节功能相辅相成，从不同角度共同调节和维持机体的内环境稳态。下丘脑作为大脑的一部分，不仅直接参与内分泌活动，还调节自主神经系统，控制水盐代谢、调节体温、摄食、睡眠、生殖、内脏活动以及情绪等。下丘脑背部被认为是快乐中枢，左半球与积极情绪相关，右半球与消极情绪相关，情绪活动与内分泌之间存在双向影响。个体的焦虑、愤怒、恐惧等负面情绪状态可导致内分泌系统中肾上腺轴、甲状腺轴激素分泌水平的紊乱，进而破坏生理系统的正常稳态，严重时可引发代谢类疾病、甲状腺功能亢进或减退等病理特征。消化系统疾病亦常被认为是内分泌系统激素分泌异常的结果，紧张和焦虑情绪可导致胃肠道蠕动减缓、胃酸分泌减少，从而引发消化不良、胃溃疡、肠梗阻等负应激反应。反之，内分泌系统的紊乱或因出现病理特征时可直接影响个体的情绪活动，如更年期女性情绪出现相对的剧烈波动。个体情绪与内分泌系统之间的相互作用对机体生理活动产生的一系列现象，构成了神经—内分泌学研究的重要内容。

在维持机体生理稳态的过程中，免疫系统同样发挥着不可或缺的作用，它积极参与到神经—内分泌系统的调节中来，而神经—内分泌系统亦具备重要的机体免疫调节功能。这三大调节系统的信息分子具有跨系统的传递效应，最直接的证据是神经细胞上存在内分泌激素和细胞因子的受体，免疫细胞上亦存在神经介质和内分泌激素的受体，内分泌细胞上则存在其他两个系统信息分子的受体。免疫细胞本身亦能产生神经系统和内分泌系统的信息分子，如脑啡肽、前列腺素、促肾上腺皮质激素等。目前发现，由免疫细胞合成和分泌的激素和神经递质已超过十种。因此，学者们提出了神经—内分泌—免疫调节网络的概念，这三个系统各司其职，同时相互调节，通过感知内外环境的变化进行优势互补，在维持机体稳态和健康方面发挥着重要作用。

个体情绪状态经由神经—内分泌—免疫网络对机体的健康水平产生显著影响在机体生理活动的日常中很常见，如长期应激（如慢性焦虑）可导致皮质醇水平持续升高，可能引起免疫抑制，增加感染风险；长期焦虑是红斑狼疮症的主要诱因之一。心情愉悦时分泌的多巴胺能激发免疫系统的活性，促进免疫细胞的增殖和活性，分泌的内啡肽还具有镇痛和愉悦作用，同时也能调节免疫系统，有效抑制炎症反应，减轻身体的应激状态，增强身体的免疫力。神经—内分泌—免疫网络与个体情绪之间还存在双向调节效应，如抗 NMDAR 脑炎患者在严重状态下出现的精神症状，包括幻觉、妄想、焦虑、抑郁等。还有患者因阴虚火旺兼阳气虚弱导致长期顽固性盗汗，严重扰乱了患者正常的夜间休息状态，睡眠质量低下继而会导致患者出现焦躁、发怒或抑郁的情绪状态，而这种负面情绪状态又有可能降低了机体的免疫功能，这种负向的双相刺激造成一种恶性循环。

综上所述，个体心理状态与神经—内分泌—免疫系统在生理系统间确实存在着必然的联系，因此，管理好自己的情绪，就能有效管理自身的健康水平。相关医学数据显示，在现代社会中负向情绪是导致疾病风险的重要因素，人体 75% 的疾病是由不良情绪引起的，经常保持愉悦的心情，有望延长寿命 5~7 年。心理的健康发展以及日常对情绪的管理应该成为当代日常健康生活中重要的一部分，由个体健康促进的社会健康应该是推动人类文明社会稳步前进发展的新动力。

传统太极拳运动致力于个体心性的修炼，高级心理状态对于个体心理发展及心理活动的调节具有显著且不可替代的效用，这种运动心理学训练的结果有助于发展个体健康水平以及良好的社会关系，从而在更广泛的层面上提高身心健康水平。

朱熹在《四书章句集注》中解析“太极”时说道：

“喜怒哀乐，情也；其未发，则性也。无所偏倚，故谓之中。发皆中节，情之正也，无所乖戾，故谓之和。大本者，天命之性，天下之理皆由此出，道之体也。”

二、传统太极运动对生理健康的积极干预

太极拳作为中国传统文化的重要组成部分，它对人类健康的积极影响与其“文武医道”的理论体系息息相关，理论体系之间相互融合形成了一套独特的健康促进机制，这一机制的核心，前面已经多次重申主要来自它的运动力学机制——以缠丝功法为主导，结合导引吐纳，引导气血于经络系统在脏腑与四肢间循环往复，有效促进机体新陈代谢，维持生理系统功能

的正常运作及基本生物节律，进而增强机体免疫力。这一机制在维持个体健康、促进疾病康复以及延缓衰老等方面被诸多医学研究所证实，从而为运动学在当代健康促进的研究中积累了大量的科学依据。

太极拳在医学健康领域应用相当广泛，可用于：青少年的身体发育、心理发展，成年人健康管理、亚健康管理、慢性病管理，老年病管理以及中年女性心理应激反应管理等的研究和适用。值得注意的是将太极拳作为日常健身时可以灵活开展的活动，若纳入运动处方以预防或促进个体疾病康复的过程中，则必须在专业人员的指导下进行。

1. 传统太极拳运动与机体代谢

新陈代谢是高等生物生命活动的基本特征之一，涉及一系列有序的生物化学反应，这些反应在细胞水平上构成了代谢过程，代谢过程是生物体进行物质和能量交换的核心机制。在这一过程中，机体通过摄取食物中的糖类、脂肪和蛋白质等营养物质，经过氧化分解反应等释放出化学能，以满足生物体进行正常生理功能活动的能量需求。

人体在运动时所需的直接能量来源主要为三磷酸腺苷（ATP）。ATP 是细胞内广泛存在的高能磷酸化合物，其分子结构中储存着丰富的化学能。ATP 的生成主要通过底物水平磷酸化和氧化磷酸化两种途径，这两种途径在细胞内协同作用，确保了 ATP 的持续供应。在人体运动过程中，特别是在需要快速反应和爆发力的活动时，ATP 会迅速水解为腺苷二磷酸（ADP）和磷酸，同时释放能量以满足肌肉收缩等生理需求。此外，人体内还存在其他高能化合物，如磷酸肌酸（CP），它们在特定的生理条件下，如 ATP 供应不足时，可以迅速转化为 ATP，以维持能量供应的连续性。ATP 还可以通过高能磷酸基团的转移生成尿苷三磷酸（UTP）、胞苷三磷酸（CTP）、鸟苷三磷酸（GTP），这些高能化合物在细胞内发挥着至关重要的作用，为糖原、磷脂、蛋白质等生物大分子的合成提供必要的能量支持。

在机体的代谢活动中，营养物质通过一系列转化和合成过程产生能量，这一过程涉及三种不同的能量转化系统：磷酸原系统（亦称 ATP-CP 系统）、酵解能系统（亦称乳酸能系统）和氧化能系统（亦称有氧能系统）。磷酸原系统在高强度运动时首先发挥着关键作用，其工作时间为 6~8 秒，迅速地为肌肉提供了能量供应。而酵解能系统则在无氧条件下，将葡萄糖分解为乳酸，同时产生能量，这一过程在高强度运动中也起到重要作用。氧化能系统，作为有氧代谢的主要途径，在长时间运动中占据主导地位，它通过氧气的参与，将营养物质彻底氧化分解，释放出大量的能量。这一系统不仅为长时间的运动提供能量，而且在维持生命活动的稳定性和持久性方面发挥着不可替代的积极作用。

任何运动都可以提高机体的代谢率，但有氧运动对机体能量代谢的影响相对更加显著。此外，环境温度、精神活动以及神经系统、内分泌系统都对代谢水平有一定的影响。一些研究显示，规律的有氧运动能够改善胰岛素敏感性，降低血糖水平，对于预防和控制糖尿病具有重要作用。有氧运动还能够促进生长激素的分泌，有助于维持肌肉质量和骨密度，从而延缓衰老过程。此外，有氧运动还能够刺激大脑释放内啡肽，平衡激素分泌水平，从而在心理层面上让个体对有氧运动产生积极的依赖性。

长期进行心肺（有氧）训练，血浆内脂蛋白脂肪酶（LPL）活性增加，甘油三酯转运速率加快，增强了骨骼肌内氧化分解代谢的相关酶活性，脂肪酸在线粒体中分解速率明显加快，脂肪酸的氧化分解能力得到适应性增强。同时血浆中的高密度脂蛋白（HDL）浓度可能升高，低密度脂蛋白（LDL）和极低密度脂蛋白（VLDL）浓度会降低，对于预防和治疗肥胖、冠心病、动脉粥样硬化等多种疾病十分有益。如果体内供氧不足则会促使代谢进入酵解能系统工作状态，无氧酵解过程产生能量的效能相对较低，导致乳酸分泌过多，会产生明显的肌肉酸痛，也有导致低血糖症状情况，容易产生运动劳损和急性损伤，同时还会出现严重的主观感觉不适。比较二者，氧化能系统在运动中更有益身心健康。这一生理过程的优化，不仅有助于提升个体的体能和耐力，还能够促进心血管系统的健康，降低心血管疾病的风险。长期坚持有氧训练，可以观察到身体对氧气的利用效率显著提高，心肺功能得到加强，同时，有氧运动还能够促进血液循环，改善血管弹性，减少动脉硬化的风险，为机体健康水平打下坚实的基础。

传统太极拳运动中丹田运动的腹式呼吸能始终保持机体内氧气的正常供应，以持续保证氧化能系统充分工作，促使糖原完全消耗，从而最大化利用物质能量。传统太极拳运动是一项舒缓的持续型有氧运动，这种运动形式以最小的消耗需求在长时间内以有氧运动方式来持续支配身体运动，非常适合个体在体弱、疾病初愈以及康复时的训练要求。

此外，传统太极拳的缠丝功法不只是对骨骼肌间多余能量的消耗，还有效减少了脏腑组织间多余的能量堆积，通俗地说就是有效促进了循环系统内、外间的代谢能力及代谢平衡。营养物质摄入与消耗之间的平衡，使机体生理功能保持在最佳的运行状态，从而保证了机体的健康水平。传统太极拳运动可作为机体代谢器官或代谢工作衰减的代偿性工作干预，对于二型糖尿病、单纯性肥胖代谢类疾病的积极康复有着不可替代性的功效，此类医学研究成果有很多论文资料，可自行查阅论文网站获取。

2. 传统太极拳运动与呼吸系统

在先前章节中，已对传统太极拳的丹田运动呼吸机制进行过阐述。作为一项卓越的有氧运动形式，长期练习太极拳能够引发呼吸功能的适应性改变，主要体现在呼吸肌力与耐力的显著增强以及机体生理组织对氧气利用率的显著提升。太极拳运动过程中，丹田的舒张与收缩带动膈肌的升降以及腹肌群的参与，从而整体提升了呼吸系统的工作效率，减轻了呼吸肌群的工作强度，并且弥补了呼吸肌群功能减退导致的肺部生理功能下降。此外，丹田的导引作用增强了内呼吸的强度，增进了内气在经络间的有力循环，强化了循环系统内部的动力，改善了微循环的工作状态与效率。传统太极拳丹田运动所采用“细、匀、绵、长”的腹式呼吸方式，确保了氧气与二氧化碳在呼吸系统中的吸收、交换、输送与排出，以及能量物质与激素的分布与平衡。这一呼吸方式有效提升了机体的心肺功能，督促了循环系统与能量代谢之间协调，发挥出预防疾病、辅助治疗以及促进康复的良好效果。

这种呼吸方式要求练习者在运动中保持心静神宁，通过独特的呼吸方式来引导“气”在体内经络中流动，从而达到调和气血、疏通经络、壮实脏腑的目的。在这一过程中，练习者需专注于呼吸的每一个细节，如呼吸的节奏、深度以及与动作的协调性，这不仅锻炼了呼吸肌，也培养了练习者的专注力和自我调节能力。太极拳的腹式呼吸因其独特的生理和心理效益，已被多项现代医学研究所证实，这种方式所特有的节奏和深度更像是一种心灵的运动修养，这种呼吸模式能够强化机体对精神压力的适应能力，在心理医学层面上也带来积极的作用，在改善缓解焦虑和抑郁情绪等方面具有显著效果。

钟南山院士等早在《中华医学杂志》2012年第14期发表了一项研究成果——《简易太极拳锻炼对慢性阻塞性肺疾病患者运动耐力和生活质量的影响》，结论中说道：

“太极拳运动中采用以膈肌升降运动为主的深慢腹式呼吸，随腹压的增加，可以使血液回心加速，肺循环血量增加。同时动作和呼吸的配合可以增加肺及胸廓的活动度，牵拉肺泡，增加肺泡的通气面积，缩短气体扩散的距离，从而使肺泡的通气量增加；肺循环血量的增加和肺泡通气量的增加可以使通气/血流比值得到优化，加快气体交换、提高血氧饱和度，降低二氧化碳水平，对改善老年人的心肺功能、生活质量、心理状况，提高骨骼肌肉的力量和耐力、平衡能力等方面有益。”

《中国康复医学杂志》2014年第29卷第8期刊登了王月霞等人的研究成果——《太极拳运动对慢性阻塞性肺疾病患者生存质量和BODE指数的影响》中说：

“中重度的COPD患者通过为期8周的太极拳训练，在运动耐力、呼吸困难、生存质量等方面获得改善，显示太极拳运动可以作为一种较好的肺康复的训练形式。”

另外由上海体育学院运动科学学院王继红等在《中国组织工程研究》2015年1月30日第19卷第5期发表《太极拳对老年慢性阻塞性肺疾病患者肺功能和运动耐力影响的Meta分析》一文中说到：

“太极拳运动组经过12周运动锻炼后6分钟步行距离明显升高。研究结果表明，12周太极拳运动锻炼有效地改善了慢性阻塞性肺疾病患者的运动耐力。Yan等研究发现，太极拳运动不仅能够改善慢性阻塞性肺疾病患者肺功能，降低呼吸困难的症状，还能够改善慢性阻塞性肺疾病患者运动耐力。刘素荣等研究也表明，通过传统功法锻炼可在一定程度上改善慢性阻塞性肺疾病患者的临床疗效，提高患者运动耐力水平，值得推广应用。”

3. 传统太极拳运动与循环系统

人体循环系统构成了一个相对封闭的管道网络，其主要组成部分为心血管系统以及辅助性的淋巴系统。该系统的运作受到神经和体液因素的精细调控，并与呼吸系统、泌尿系统、消化系统、神经系统和内分泌系统等多个系统之间存在密切的相互作用和协调机制，这种协调机制确保了机体能够灵活地适应不断变化的内外环境，维持生命活动的稳定性和连续性。

循环系统中，心脏的搏动是血液循环的驱动力，血液在心血管系统内的循环流动，即血液循环，是生命的基本活动。血液循环的核心功能在于实现体内物质的运输：将细胞新陈代谢所需的营养物质和氧气输送到全身的每一个组织，同时将组织的代谢产物和二氧化碳运送到肺部或排泄器官。在运动过程中，循环系统与呼吸系统协同工作、紧密联系，其中涉及体循环、肺循环、冠状循环和微循环。运动所需能量由氧气及营养物质的氧化反应提供，并通过循环系统进行输送，这要求循环系统与呼吸系统共同完成，而代谢产物的大部分也是通过循环系统输送到相应器官进行排出。随着运动强度的增加，心脏的搏动频率和血液的流速都会相应提高，以满足机体对氧气和营养物质的大量需求。

太极拳运动中的缠丝功，其螺旋缠绕的运动形式能够提升血管内血流动力，辅助静脉血回流。这一机制一方面减轻了心脏的工作负担，提高了循环效率；另一方面，它促进了血管壁平滑肌的代谢以及管壁中代谢产物的清除，避免物质在血管内壁的过度堆积，维护了血管的生理功能，确保循环系统持续保持在正常工作状态。太极拳的这一独特运动方式，不仅在传统医学中被高度评价，而且在现代医学研究中也得到了证实，其对心血管健康的积极影响不容忽视。研究显示，太极拳练习者的心血管健康指标，如血压、心率和血管弹性等，均优于非练习者，这表明太极拳运动在预防心血管疾病方面具有潜在的积极作用。

在传统太极拳运动中，强调神经和肌肉的放松，运动在放松状态下进行，不会导致肌肉工作疲劳，从而有助于维持肌肉的“肌肉泵”功能。太极拳还特别重视下盘关节运动链的训练，通过力量虚实转换，两腿的肌肉群得到适当的放松训练，持续有效发挥了大腿作为人体“第二心脏”的功能，这是其他运动形式难以比拟的。

经过对血流动力、肌肉生理、血管生理功能以及神经活动状态的积极干预，传统太极拳运动在康复医学中也逐渐成为心脑血管疾病重要的辅助治疗手段。

王纯等发表在《现代预防医学》2007 年第 34 卷第 18 期《太极拳与步行

运动对高血压的康复疗效比较》一文中说：

“在打太极拳时，全身肌肉均匀收缩和放松交替，动作和顺自然，松柔缓慢，大脑中枢以‘松’‘静’状态处于保护性抑制，交感神经活性降低，从而使去甲肾上腺素、肾上腺素等引起血管收缩的活性物质降低；血液中组织胺激肽类引起血管舒张的活性物质相应升高。在机体低频率大幅度的振动下，全身肌肉纤维反复拧裹，对所在血管平滑肌产生‘按摩’作用，能使血管更有力地收缩和舒张，大量地开放了毛细血管，防止了胆固醇在血管壁的沉积并能加速对已有沉积的冲刷，从而降低了血管的外围阻力，改善了动脉血管壁粥样硬化病变，使动脉管壁顺应性增加，致使血压下降，这是太极拳运动后血压下降的主要原因。实验结果亦表明：练太极拳时静气宁神，肌肉放松，能通过增强副交感神经的活动，抑制交感神经兴奋，反射性地引起血管舒张，促使血压下降。太极拳螺旋式弧形运动使周身肌肉韧带在均匀、柔和、连贯的反复旋转中得到运动，改善体内微循环，降低外围阻力，使气血畅通，机体末梢循环加快，指端血管容积增大，减少体内瘀血现象，促使血压下降。太极拳的以意引气，使气血畅通于周身经络，平和阴阳，发挥其‘抑亢助虚’的双向调节效应，有利于血压保持正常稳定状态。”

孙峰等发表于《中国老年学杂志》2014 年 12 月第 34 卷《太极拳运动对老年高血压的干预效果》一文中指出太极拳的练习能增强大脑边缘系统功能，降低交感神经的兴奋性，可缓解焦虑、抑郁及其产生的应激水平，从而有效降低太极拳练习组人群的高血压状态。

4. 传统太极拳运动与内分泌系统

内分泌系统通过分泌多种激素，对个体的基础生理功能与活动进行全面调控。这包括维护组织和细胞的新陈代谢，调节机体的生长发育、繁殖及衰老等过程。该系统作为机体的调节机制之一，与神经系统和免疫系统相互作用，共同维持机体的内环境稳态。内分泌系统通过激素的精细调控，确保了机体在各种环境条件下的适应性和稳定性，其作用范围广泛。例如，甲状腺激素的分泌水平直接影响机体的能量代谢和体温调节，而胰岛素和胰高血糖素的平衡则决定了血糖水平的稳定。这些激素的微妙调节，维持着生命活动的正常进行。

传统太极拳运动对内分泌系统的积极影响可归结为两个主要因素。首先，在太极阴阳思想的指导下双向调节，运动中平衡身法的同时也达成了机体生理功能的平衡。其次，太极拳对心理状态的控制与训练，从神经系统的角度干预了机体的内分泌活动。太极拳强调身心的虚静，引导练习者进入一种冥想状态，从而使个体的思维意识活动停滞、肌肉完全舒张。机体在这种冥想放松的状态下进行积极的应激反应调节，特别是对 HPA 轴（下丘脑 – 垂体 – 肾上腺轴）的调节，该轴作为神经内分泌系统的关键组成部分，全面参与调控机体的应激反应，并影响多种身体功能，如学习、记忆、情绪、运动、消化以及能量的储存与消耗。太极拳通过调节大脑意识活动，干预 HPA 轴的工作状态，降低由快节奏生活、学习和工作压力引起的高水平应激状态。医学研究表明，高水平的应激状态是高血压、高血糖、失眠等慢性疾病的重要病因之一。太极拳运动通过有效降低应激水平，从而有效干预由应激水平引起的多种慢性疾病，其独特的作用机制在临床实践中已展现出诸多医学奇迹，比如高血压、甲亢等。此外，在女性更年期，由于卵巢功能衰退导致的内分泌水平变化，机体可能出现潮热、盗汗、焦虑、失眠、情绪失控等临床症状，严重影响更年期女性的日常生活与工作。太极拳运动可作为一种代偿性工作干预，参与平衡、代偿更年期女性内分泌工作中激素分泌的缺失与紊乱。

在传统太极拳运动中，个体心理状态的训练对内分泌系统的积极影响是关键要点。根据不完全的训练数据统计，高应激水平人群中有绝大多数无法在基本桩功训练中坚持到 30 分钟的标准时长。在训练的前 5 分钟内，因心烦意燥而放弃练习的人群通常应激水平最高（排除身体体格原因无法支撑身体的情况），这些人在日常生活中往往表现出焦虑、急躁或抑郁的情绪，以及失眠、神经衰弱、生理系统紊乱等亚健康状态。经过太极拳运动的放松训练后，这些亚健康状态能够得到迅速的积极改善。太极拳的练习者常常报告说，他们日常中比以前更加愉悦和平静，睡眠质量也有所提高，诸多研究证明了太极拳在调节内分泌系统方面有出人意料的功用。

王雪芹在发表于《中国体育科技》2011 年第 47 卷第 4 期《太极拳的生理医学效应研究进展》一文中说道：

“王茂叶将女性受试分为锻炼组（63 ± 8 岁，练习太极拳 3 ～ 8 年）和对照组（60±7 岁），发现锻炼组的血清睾酮含量、血清睾酮／皮质醇比值和生长激素含量比对照组高，说明长期进行太极拳锻炼对老年女性的内分泌系统形成了良好的影响。

"王玉昕等以老年男性健康受试为研究对象，分为太极拳组、老年对照组和成年对照组，发现太极拳组的骨振幅衰减显著高于老年对照组；老年对照组血清 T、FT、DHT 显著低于太极拳组和成年对照组，性激素结合蛋白明显高于太极拳组和成年对照组。

"沙鹏等以 80 名退休女工（59.34±3.41 岁，绝经）为研究对象，分为太极加激素补充组、太极拳组、激素加钙补充组和对照组，干预 16 周后发现，太极加激素补充组受试血浆一氧化氮高于对照组。

"刘静等以 30 名太极拳初学的女性中老年（64.41±10.09 岁）为研究对象，6 个月太极拳练习过后，发现中老年女性血清 IGF-1 浓度明显上升。提示太极拳运动对机体有氧工作能力、骨代谢和免疫机能的改善和促进作用，可能部分是通过改善 GH-IGF-1 轴的机能来发挥的。"

王茂叶 2009 年发表在《首都体育学院学报》的研究成果《长期太极拳锻炼对老年女性血清睾酮／皮质醇、免疫球蛋白和生长激素的影响》一文说明传统太极拳运动对内分泌系统有诸多的积极影响：

一是提高血清睾酮（T）含量以及提高并改善内分泌调节的生理反应，进而增加了体内蛋白质的合成代谢，有利于提高运动能力。使皮质醇（C）应激性激素作用趋势放缓，利于身体各方面素质的维持。

二是使机体内血清 T／C 比值高，有利于机体内物质和能量的合成与贮存而改善机体机能状态。

三是促进了物质代谢，对机体各个器官和各种组织有良好的作用，尤其是对老年人的骨骼、肌肉及内脏器官，提高了机体的工作能力 。

经过实验研究表明，进行长期太极拳锻炼对老年女性的内分泌系统产生了良好的影响，促进了老年女性健康水平良性发展，改善了机体工作能力，提高了老年人的生活质量。

5. 传统太极拳运动与免疫系统

免疫功能是机体识别和清除外来入侵抗原及体内突变或衰老细胞并维持机体内环境稳定功能的总称，是机体健康水平的重要保障。这一过程涉及复杂的细胞和分子工作机制，包括但不限于抗体的产生、细胞介导的免疫反应以及吞噬细胞的吞噬作用。当人体免疫防御功能低下或存在缺陷时，将引发免疫缺陷症，而免疫监视功能的减弱，则可能导致疾病的发生。

免疫系统通过调节免疫细胞与免疫分子间的相互作用，以及与神经内分泌系统等其他系统的交互作用，确保机体功能活动维持在最佳水平。前面已经说明了免疫调节具有双向性，神经系统和内分泌系统通过特定受体对免疫细胞施加影响，从而实现对免疫活动的正向或负向调节，这一过程的复杂性和精细性是生物在持续进化过程中构成的一种极其精妙的生理活动机制。

在人体运动过程中，激素的释放量、激素受体的数量以及受体的敏感性均可能发生改变，这些变化都可能引起机体免疫功能的相应调整。运动时肾上腺素主要来自肾上腺髓质，去甲肾上腺素主要从交感神经末梢释放，在任一运动强度下，有运动训练者都比无运动训练者的儿茶酚胺释放量少。其他相关研究发现自然杀伤（NK）细胞对运动反应灵敏，淋巴细胞上有 β－肾上腺素能受体，血浆肾上腺素可直接影响淋巴细胞活性，NK 细胞上 β－肾上腺素能受体最多，CD4 细胞最少，而 B 细胞和 CD8 细胞上 β－肾上腺素受体数目介于 NK 和 CD4 之间。运动后 NK 细胞和单核细胞的迅速增加与血流量和儿茶酚胺的增加有关。一次递增强度之疲劳的运动后即刻 NK 细胞活性、β－内啡肽血浆水平显著下降，而血浆皮质醇水平明显上升，并与 NK 细胞活性呈显著负向相关，24 小时各项指标基本恢复至运动前水平。中等强度运动前后即刻、运动后 3 小时和运动后 24 小时，血浆皮质醇的变化与白细胞介素活性的变化相反，皮质醇在一定程度上对白细胞介素的分泌起抑制作用。这些研究发现了运动对免疫系统影响的复杂性和动态性，运动能干扰循环系统以及内分泌间接影响免疫功能，论证了运动与免疫调节之间的密切联系。

此外，学者们研究发现长时间运动会导致外周淋巴细胞和单核细胞数量减少，以及中性粒细胞数量增加的外周血象变化，这可能与皮质类固醇的过度分泌有关，也可能是运动导致体内多种激素变化的综合效应。这一现象不仅反映了运动直接对免疫系统的影响，也提示了运动强度和持续时间对免疫状态的潜在影响。在长时间高强度运动后，机体免疫系统会经历一个所谓的“免疫窗口期”，在此期间，淋巴细胞数量显著减少，免疫细胞发生凋亡，尤其是自然杀伤（NK）细胞的活性降低，免疫球蛋白的含量及其功能亦受到损害，导致机体免疫功能显著下降，极易受到流感病毒及其他病原体的侵袭，该过程的持续时间可长达3~72小时。研究指出，这种免疫抑制现象是由于剧烈运动导致的应激反应激活了交感神经系统和下丘脑－垂体－肾上腺轴，进而干扰了免疫系统的调节。此外，运动引起的代谢产物积累、体温升高和能量消耗增加等因素，也对免疫细胞的生存环境造成了不利影响。在这一时期，运动员不仅面临感染风险的增加，还可能遭遇运动性能下降的问题。因此，了解和管理运动免疫窗口期，合理安排运动计划，平衡运动强度和休整时间，对于维护和提升机体的免疫功能至关重要。

运动与免疫之间的关联互动需要应用科学的研究来进一步阐明，以便为公众提供更为精确的运动指导。基于传统太极拳等有氧运动的健康机制提出“运动－神经－内分泌－免疫”理论框架，这一框架用以解读运动如何通过神经和内分泌系统的中介作用直接或间接影响免疫系统的功能，由此进一步系统地深入研究运动与机体健康之间的相互关系。通过深入探讨这一理论框架，可以为制定科学的运动处方，增强运动健康效益提供理论依据，从而为促进公众健康和预防疾病提供更新的理论模型。

黄祁平等发表于《武汉体育学院学报》2006年7月第40卷第7期《太极拳运动增强高年级女大学生体液免疫应答实验研究》一文的结论中说道：

“在参加简化太极拳运动的实验组30名女大学生中，每周参加2次与3次训练者，血清IgG含量比对照组及每周锻炼1次者高，且每周参加3次训练者，在第10周与第12周差异有显著性；但是，实验组间与对照组血清IgM、IgA含量差异无显著性。坚持运动量适中的太极拳有氧运动，能提高血清IgG含量，增强机体的体液免疫应答，从而提高抗病原体感染的能力。”

张勉发表在《体育科学》2002年9月第22卷第5期《太极拳运动在改善老年人机体免疫系统功能中的作用》一文中说道：

“经过一段时间的太极拳运动，可以增进血浆谷氨酰胺和谷氨酸盐水平，引起血浆前列腺素E水平下降，淋巴细胞转化升高，自然杀伤（NK）

细胞增加，提高机体免疫能力，延缓衰老过程 。”

该文章小结中还说道：

“5 周太极拳运动后，运动组（T）T 淋巴细胞功能显著性升高，B 淋巴细胞中 IgG 和 IgA 浓度同时具有显著性升高；对照组（C）T 淋巴细胞功能有明显下降趋势，B 淋巴细胞中 IgG 和 IgA 浓度变化不大，但 IgM 浓度呈显著性降低。表明太极拳运动可以提高老年人的机体免疫功能，延缓机体衰老过程。5 周太极拳运动后，运动组老年人食欲、睡眠有明显的改善，精神饱满，心理健康水平提高。”

“太极动而生阳”，中医认为阳气是人体先天的元气、后天的卫气，中医学所说的“元卫之气”即是现代医学的“免疫系统”。元卫之气越充盈，机体的免疫水平则表现越良好，《黄帝内经·素问·生气通天论》中说：

“阳气者，若天与日，失其所则折寿而不彰。”

在 20 世纪 60 年代，西方发达国家的医疗保健机构开始认识到体育活动对机体健康所带来的正面效应，提出了“运动是良医”的口号，基于此，一系列旨在治疗和康复干预的运动处方被制定出来。20 世纪 90 年代末期，欧美、日本等国家的一些研究机构，致力于探究太极拳在医学和健康领域的作用机制后，才将太极拳作为一种“替代医疗”的手段纳入其医疗项目之中，而我们中国人练习传统体育中的健身运动项目已有千年的历史。

杨澄甫先生在《大小太极解》中说道：

“天地为一大太极，人身为一小太极。人身为太极之体，不可不练太极之拳，本有之灵而重修之，良有以也。”

中国近代教育家、思想家蔡元培先生称赞太极拳时题词到：

“可以御侮，可以卫生，愿以此有百利无一害之国粹为四百兆同胞之典型。”

第二章　传统太极拳经典理论及论著选编

当前，太极拳理论文献的丰富性和多样性日益凸显，各类观点和论述层出不穷，导致太极拳练习者在理论选择上面临诸多困惑。因此，为太极拳练习者推荐一些权威的理论文献，指引明确的学习方向显得尤为关键。这些精选的理论文献不仅能够为初学者构建一个清晰的学习框架，还能为进阶学习者提供深入研究的理论基础，从而确保练习者在正确的轨道上学习。希冀于这些理论文献的指导，练习者能够系统地掌握太极拳的理论体系，深入理解其哲学内涵与运动机制。因此，为太极拳练习者提供一条科学的学习路径，不仅有助于他们高效地进入学习状态，还能激发他们对太极拳文化深层次研究产生兴趣和热情，充实太极拳在今后的发展动力。

第一节　《太极图说》

《太极图说》是北宋时期周敦颐所著。周敦颐，字茂叔，号濂溪，出生于道州营道楼田保（今湖南省道县），后世尊称其为“濂溪先生”。周敦颐是宋代理学思想的奠基人，与北宋五子并列，是一位杰出的思想家、文学家。其著作《太极图说》融合了儒家与道家的哲学思想，完善了太极思想体系建设，对无极、太极、阴阳、五行等核心概念进行了根本性的论说，对宇宙与性命进行了透彻论述，阐明宇宙间万物皆有其理，而这些理又统一于一个至高无上的“太极”之中。周敦颐对“太极”思想体系的重构影响着儒学的发展，朱熹等理学大家都是在受到周子思想的启发后，逐步发展出新的学说体系，与此同时，也成为太极拳建设理论体系的最高思想指导。

后人朱熹对《太极图说》进行了勘定：

“无极而太极。太极动而生阳，动极而静，静而生阴，静极复动。一动一静，互为其根。分阴分阳，两仪立焉。阳变阴合，而生水火木金土。五气顺布，四时行焉。五行，一阴阳也；阴阳，一太极也；太极，本无极也。五行之生也，各一其性。”

“无极之真，二五之精，妙合而凝。乾道成男，坤道成女。二气交感，化生万物。万物生生，而变化无穷焉。惟人也，得其秀而最灵。形既生矣，神发知矣，五性感动而善恶分，万事出矣。圣人定之以中正仁义而主静，立人极焉。故圣人与天地合其德，日月合其明，四时合其序，鬼神合其吉凶。君子修之吉，小人悖之凶。故曰：‘立天之道，曰阴与阳；立地之道，曰柔与刚；立人之道，曰仁与义。’又曰：‘原始反终，故知死生之说。’大哉《易》也，斯其至矣！”

朱熹继承周子思想后，在构建自己的学说时论述了关于“无极”与“太极”的不同见解，他指出：“上天之载，无声无臭，而实为造化之枢纽，品汇之根柢也，故曰‘无极而太极’，非太极之外复有无极也。”朱熹的这一论断体现了他对传统儒家思想的继承。《太极图说》所提及的“无极”一词，源自《道德经》第二十八章“复归于无极”，这一词汇经过后世学者的考证，认为是在西汉时期由道家人士编纂时所增补的，其目的可能是为了提升、强化道家思想在当时社会中的政治地位。周敦颐在其著作中原本为“自无极而太极”，而朱熹在校注时则将其修订为“无极而太极”，这一改动仅仅只赋予了“无极”以定语的语法功能，明确地定义了“太极”作为宇宙本原的无限与永恒。《近思录集解》卷一中认为太极是天地之理，在天地则天地中有太极，在万物则万物中有太极。而论太极与阴阳，则以太极为主论，太极在阴阳之先；以阴阳而言，则太极在阴阳之内。依此理，在人心则为喜怒哀乐未发之中，统称太极。在探讨太极与阴阳的关系时，《近思录集解》同样强调了太极的主导地位，认为太极既是超越阴阳的存在，又内在于阴阳之中，体现了宇宙万物的统一与和谐。

“太极动而生阳，动极而静，静而生阴，静极复动。一动一静，互为其根。分阴分阳，两仪立焉。”

太极的运动是无始无终的，它在动态中孕育出阳气，而当这种动态达到极致，便会向静态发展，从而产生阴气。静止状态并非终结，而是另一种形式的开始，静极复动，阴气在极致的静止中孕育着新的动态。这一过程循环往复，阴阳互生，动静相成，宇宙万物的生成与变化由此展开。这种阴阳之间的转换，是太极运动的无尽循环，也是宇宙万物运动和变化的永恒规律。阴阳的对立与统一，动静的相互依存与转化，共同构成了宇宙万物的动态平衡。

“阳变阴合，而生水火木金土。五气顺布，四时行焉。”

阳气与阴气的相互作用被视为宇宙万物生成与演化的根本动力，阳性动而善变化，阴性静专于凝集，阴阳诸多组合中产生的万物可归纳出五种特质，即水、火、木、金、土，五行被归纳为宇宙间万物的五种基本类型。《尚书·洪范》中对五行特性的描述成为后世理解自然界的首要框架：“水曰润下，火曰炎上，木曰曲直，金曰从革，土曰稼穑。”五行学说在后来的发展中有两种排序划分，一种以形质而言，为水、火、木、金、土。“河图”中，“天一生水；地六成之；地二生火，天七成之；天三生木，地八成之；地四生金，天九成之；天五生土，地十成之”。这是阴阳生五行的过程。另一种以气的流变来划分，为木、火、土、金、水，此与年之四时的春夏秋冬之气相应，这是五行之间相生的顺序，即木生火，火生土，土生金，金生水，水生木。

“五行，一阴阳也；阴阳，一太极也；太极，本无极也。”

万物的五行属性，实则是根植于阴阳的转化。太极所展现的气象，彰显了无穷无尽、无始无终的玄妙境界，阴阳、五行、四时、动静以及宇宙间所有变化均遵循太极的法则。周子认为无极象征着宇宙的终极本原，太极则为本原显现的初始状态，“无极即是无形之态，太极则为有理之象”。

“五行之生也，各一其性。无极之真，二五之精，妙合而凝。乾道成男，坤道成女。二气交感，化生万物。万物生生，而变化无穷焉。”

五行之形质各异，属性各不相同，彼此间存在相生相克、相乘相侮的关系，体现了自然界中物质与能量相互作用的复杂性。五行各自的属性又与仁义礼智信相结合，构成社会伦理价值体系的核心，是古人对宇宙秩序与人间道德的全面洞悉。无最纯粹、最真实的无穷能量引导阴阳、五行之气在运行变化中千变万化，形成万物的有形实体。中国古代思想观点认为，人也是由阴阳二气聚合而成，构成人的阴阳二气结合中由于清浊比例不同，导致有形实体的特征各异，展现了个体差异与多样性。乾道之阳刚健，成就男性特质，表现为君、父；坤道之阴柔顺，成就女性特质，表现为臣、母。阴阳互根互感，产生多样的物质形态。太极之理指导下化育万物，万物的生生不息。

“惟人也，得其秀而最灵。形既生矣，神发知矣，五性感动而善恶分，万事出矣。”

尽管万物都是由阴阳五行的自然法则而成，但人类所禀赋的阴阳五行之气最清最纯，人的形体展现了阴阳的和谐，更蕴含了五行的平衡，这使得人类在生物界中显得格外秀美和灵动。心灵的聪慧，则是人类区别于其他生物的显著特征，它使得人类能够进行抽象思维，创造语言和文化，构建复杂的社会结构。阳气的活跃，不仅启动了精神活动，更是推动了人类文明的发展。在这一过程中，“仁义礼智信”五常成为社会伦理的核心，它们在个体的内心世界和社会的互动中不断演变，影响着人们的价值判断和行为选择。善恶、智愚、吉凶等对立面的形成，是人类在不断适应和改造自然环境、社会环境中的必然产物。万事万物，从微观的细胞到宏观的生态系统，都在阴阳五行的动态平衡中展现出其复杂的发展过程，而人类见证着这些过程。

“圣人定之以中正仁义而主静，立人极焉。故圣人与天地合其德，日月合其明，四时合其序，鬼神合其吉凶。”

君子以全德之姿是为圣贤，圣贤的禀赋又是人中最为灵秀的。圣人通过虚静修养回归本心，摒除外欲的干扰，以达道德的纯粹境界。他们以中正仁义之行，及静之修养，树立了至高的道德标准——人极，即人道的终极准则。他们治理世事，以天地、日月、四时、鬼神之变化为指导，将人道（人极）融入宇宙运行的整体秩序中，主张个体与天地、社会的和谐共生，只有这样才能逢凶化吉，成就大业。圣贤的智慧，如同宇宙之光，照亮了人类前行的道路，他们的道德标准，如同北斗，指引着人们前进的方向。

“君子修之吉，小人悖之凶。故曰：‘立天之道，曰阴与阳；立地之道，曰柔与刚；立人之道，曰仁与义。’又曰：‘原始反终，故知死生之说。’大哉《易》也，斯其至矣！”

《周易》作为中国古代文明思想的瑰宝，其太极思想贯穿始终，为人们提供了一种理解世界和自我修养的框架。君子通过遵循太极的法则，修身养性，以达到与自然和谐共存的境界，从而在人生的道路上获得吉祥。而小人由于缺乏对这一法则的认识和遵循，其行为往往与自然规律相悖，结果总是导致凶险和失败。阴阳作为天之象，刚柔作为地之质，仁义作为人之德，三者相互依存，共同构成了宇宙间的基本法则。太极，作为《周易》的核心，不仅代表了宇宙的本源，也象征着事物发展的终极原理。《周易》通过阐释“太极”这一至高无上的宇宙法则，向世人展示了阴阳二气运动变化的奥秘，以及如何通过理解这一法则来洞察事物的本质和规律，从而指导人们的生活和实践。

第二节　《太极拳论》

《太极拳论》由王宗岳所著。王宗岳深谙儒家、道家之学，精通枪法，并在朝廷任职期间频繁往返于洛阳与汴京（开封）。基于其一生的学术积累与实践心得，王宗岳撰写了《太极拳论》，该著作最初散见于民间，后由河北武禹襄搜集整理并加以推广，在武术界广为传颂至今。

《太极拳论》吸纳了易学、儒家、道家、医学、兵法等诸家理论的精粹。这些传统文化思想为太极拳的理论体系建设提供了丰富的理论基础。王宗岳在文中除了剖析太极拳的思想精髓，还明确了太极拳修炼的三个层次：着熟、懂劲、神明，为练习者提供了循序渐进的进阶路径，也为后世学者研究与推进太极拳的发展确立了方向。

《太极拳论》全文 360 字左右，因流传抄录版本不同，略有差异。经过多年的考据、研究后，近代武术史学家唐豪先生勘定了一个标准版本，全文如下：

“太极者，无极而生，阴阳之母也。动之则分，静之则合，无过不及，随曲就伸，人刚我柔谓之走，我顺人背谓之粘，动急则急应，动缓则缓随，虽变化万端，而理为一贯。由着熟而渐悟懂劲，由懂劲而阶及神明。然非用力，不能豁然贯通焉。虚领顶劲，气沉丹田，不偏不倚，忽隐忽现，左重则左虚，右重则右虚。仰则弥高，俯则弥深，进之则愈长，退之则愈促，一羽不能加，蝇虫不能落，人不知我，我独知人，英雄所向无敌，盖皆由此而及也！”

“斯技旁门甚多，虽势有区别，概不外乎壮欺弱，慢让快耳。有力打无力，手慢让手快，是皆先天自然之能，非关学力而有也。察四两拨千斤之句，显非力胜，观耄耋御众之形，快何能为？立如平準，活似车轮，偏沉则随，双重则滞。每见数年纯工，不能运化者，率皆自为人制，双重之病未悟耳。欲避此病，须知阴阳，粘即是走，走即是粘，阴不离阳，阳不离阴，阴阳相济，方为懂劲。懂劲后愈练愈精，默识揣摩，渐至从心所欲，本是舍己从人，多误舍近求远，所谓差之毫厘，谬之千里，学者不可不详辨焉。是为论。”

“太极者，无极而生，阴阳之母也。”

显而易见，这句话完整承袭了中国传统文化思想体系的核心，特别是周敦颐著《太极图说》中对“太极”的架构，由此可知这项武术体系的全貌以及肢体表达形式，运动中始终遵从由“无”到“有”以“阴阳”之体的思想指导。具体来说，练习太极拳前的身心准备称作“无极”，此阶段要求练习者身心进入一种“虚无”的状态，从而使得体内精、气、神得以内敛而凝聚。然后进入太极，太极运行中则阴阳的变化无处不在，表现为运动中的动静、刚柔、开合、虚实、快慢等形式的对立与统一，只有在这个理论范畴下开展的武术运动，才称为“太极拳”。

杨澄甫先生注解道：“不动为无极，已动为太极。空气摩动而生太极遂分阴阳，故练太极先讲阴阳。而内包罗万象，相生相克由此而变化矣。太极本无极生，而阴阳之母也。”

“动之则分，静之则合。”

太极拳招式的动静转换中蕴含着深厚的哲学思想和养生智慧，每一个动作都体现了动静结合的精妙，动与静、分与合，不过是对周身关节运动链的组合运行构架的一个外形描述而已。丹田主导的螺旋缠绕运动，无论是以内气向外促动的关节运动链组合，还是回归丹田导致的关节运动链组合，始终保持身体的平衡，处处八面支撑。

杨澄甫先生注解道："练太极，心意一动则分发四肢，太极生两仪、四象、八卦、九宫，即掤、捋、挤、按、採、挒、肘、靠，进、退、顾、盼、定，静本还无极，心神合一，满身空空洞洞，少有接触即知。"

"无过不及，随曲就伸。"

"适度而不过分，顺应变化而灵活应对"源自中庸之道的"无过不及"，不仅是一种哲学思考，更是一种实践智慧。在力量的运用上，它要求做到恰到好处，既不多加，也不会少用，追求一种极致的平衡把控。这种状态的实现，需要个体具备高度的自我控制能力和敏锐的洞察力。只有当个体能够娴熟地掌握力量的运用，才能在复杂多变的环境中随形而动、顺势而为，展现出一种自然而又高效的应对策略。

杨澄甫先生注解道："无论练拳对敌无过不及，过逾也，不及未到也，过与不及皆失中心点。如敌来攻，顺化为曲，曲者弯也。如敌攻未呈欲退，我随彼退时就伸，伸者出手发劲也。过有顶之弊，不及为丢，不能随曲为抗，不能就伸为之离，谨记'丢顶抗离'四字，如功能不即不离，方能随手凑巧。"

"人刚我柔谓之走，我顺人背谓之粘。"

在武术对抗的策略中，"走"与"粘"是两种核心的应对机制。当对手对我施加力量时，我方采取顺应对手力量方向，并在顺应的过程中借机改变对方力量的方向，以对接而非直接对抗的方式应对，此即为"走"。这种策略要求我方具备高度的感知能力和反应速度，以便在对手力量尚未完全施展开来之前就控制其意图。而当对手试图调整其力量方向以重新寻找力点时，我则紧贴对手，不使其脱离接触，仿佛与对手紧密粘连，持续破坏对手对力的重新构建。"走"和"粘"都是通过周身关节运动链力学机制在方向和力度上微妙的引导和控制，使对手陷入一种被动的境地，从而达到以柔克刚的效果。

杨澄甫先生注解道："比如二人对敌，人力刚直，我用柔软之手搭上敌之刚直上，如皮鞭打物，然实实搭在他劲上，他相捽开甚难，他走就是胶皮带缠住他，能放能长，如他用大力，我随粘他手腕往后坐身，手同时不离往怀收转半个圈，为之走化也。向他左方伸手，使敌身侧不得力，我为顺，人为背，黏他不能走脱矣。”

“动急则急应，动缓则缓随。”

太极拳以静制动，以动化静，因对方的变化而变化，得机得势，确保主动权。

杨澄甫先生注解道：“今同志知其柔化，不知急应之法，恐难与外功对敌。急快也，缓慢也。如敌来缓则柔化跟随，此理皆明。如敌来甚速，柔化乌能取哉？则用太极截劲之法，不后不先之理以应敌。何为截劲？如行兵埋伏，突出截击之。何为不后不先？如敌手已发未到之际，我手截入敌膊未直之时，一发即去，此为迎头痛击。动急则急应，此非真传不可。”

“虽变化万端，而理为一贯。”

太极本无势，动作的招式可以有非常之多，但其唯一的运动指导思想是不变的，阴阳的变化即是太极拳的基本思想。

杨澄甫先生注解道：“与人对敌，如推手或散手，无论何着数，有大圈、小圈、半个圈、阴阳之奥秘，步法之虚实，太极之阴阳鱼，不丢顶之理，循环不息，变化不同，太极之理则一也。”

“由着熟而渐悟懂劲，由懂劲而阶及神明。然非用力，不能豁然贯通焉。”

太极拳的修炼过程涵盖了三个递进的层次：着熟、懂劲、神明。在着熟阶段需要达到对招式动作的熟练掌握，达到无须思考即可自然行拳的熟练程度。并逐步走向动作的标准化，减少运动过程中的误差，开始体会阴阳变化在身体上的感觉。懂劲阶段，练习者需在招式练习中精准把握每一个动作的阴阳变化，以及用自身的阴阳变化去感受对方的阴阳变化，达到知己知彼的境界。神明阶段，练习者全身的感觉器官都异常敏锐，能够根据对方的微小表现及时准确地判断对方的意图，甚至在对方意图尚未明确之前，便能超前感知判断。

在太极拳的修炼中，着熟是基础，它要求练习者通过不断的重复和练习，将动作的标准要求内化为身体的自然反应。这一过程不仅涉及肌肉记忆的形成，还包括对身体动作的精细控制和对内在气息的调和。在这一阶段，通过反复的练习逐渐消除动作中的多余和僵硬，使动作变得流畅而富有弹性。懂劲阶段则是太极拳练习者对内在感觉的升华。在这一阶段中，练习者开始理解并运用阴阳理论，将外在的招式与内在的气机相融合。在与对手的互动中学会感知对方的力量方向、大小和变化，从而有“听劲”的能力。神明阶段是太极拳修炼的高级境界，这种感知能力的形成是基于对太极拳理论思想的理解和长期实践的积累，在这一阶段中，练习者在长时间身心的和谐统一运动经验的积累中，依据微妙的身体变化和气场的流动做出准确预判。

杨澄甫先生注解道：“着者拳式也，今同志专悟懂劲，故不能发人。先学姿势正确，次要熟练，渐学懂劲。古人云：不揣其本而其齐其末，方寸之木，可使高于岑楼。此句先求姿势后悟懂劲，不难而及神明，神明言拳精巧，豁然贯通，即领悟得拳奥秘，能气行如九曲珠，太极理通焉，非久练久熟，何能及此境耶。”

“虚领顶劲，气沉丹田，不偏不倚，忽隐忽现，左重则左虚，右重则右虚。”

头顶部的百会穴，作为神志活动的关键，意识使之轻轻上领可使精神焕发，气息清爽。丹田作为生命之源和气息聚合的中心，同时也是身体运动力量的枢纽。通过百会的上领与丹田的下沉，形成上下对拉之势，从而构建以脊柱为核心的运动体系。

太极拳的虚实转换技巧，是实现身体动作圆润与轻灵的关键，也是化解对手力量和进行有效反击的重要手段。在实战应用中，太极拳的虚实变化要求练习者具备高度的感知能力和反应速度，能够根据对手的动作和力量变化，迅速调整自身的虚实状态，以达到避实击虚、以柔克刚的效果，这种技巧的运用体现了太极拳的技击智慧。

杨澄甫先生注解道：“顶者头顶也，此处道家称为泥丸宫，素呼天门。顶劲非用力上顶，要空虚要头容正直，精神上提，不可气贯于顶，练久眼目光明，无有头痛之病。丹田在脐下寸余即小腹处，一身元气总聚此地位。行功如气海发源，环流四肢。气归丹田身与气不偏倚，如偏倚，犹瓷瓶盛水瓶歪倒，则水流出矣，丹田偏倚，则气不能归聚矣。……如此练法气壮多男，功久外有柔软筋骨，内有坚实腹脏，气充足，百病不能侵矣。隐者藏也，现者露也。隐现之法，与人对敌，犹神明难测之妙。如敌来击至我身，我身收束为忽隐，使敌不能施其力，如敌手往回抽时，我随跟进为忽现，敌不知我式高低上下，无法敌当我手。练太极如河中小船，人步临其上，必略偏忽隐，又裹步必随起，忽现，犹龙之变化，能升能降，降则隐而藏形，现能飞升太虚兴云吐露。此理言太极能高低，隐现即忽有忽无之。说重者不动也，与人对敌不动可乎？如用拳必以身体活动，手脚灵捷，然后可以迎敌。敌如击我左方，我身略偏虚，敌无可逞。击我右方，我右肩往后收缩，使其拳来无所着。我体灵活不可捉摸，即左重左虚，右重右杳。"

"仰则弥高，俯则弥深，进之则愈长，退之则愈促。"

在武术竞技或实战中要求具备高度的警觉性与反应速度，以及意识想象力对身法的应用。将对方扬起时，则意识不只是将对方托离地面而失去根基而已，而是意识要将对方抛到九天之上；将对方摔向地面时，则意识要将对方投入无底深渊；对方上前时，则抵近顶住他，不让他落地生根；对方撤退时，意识比对方还要快，不让对方起身抽回。如此种种，压缩对手的活动空间，迫使其进入不利的对抗状态。这些策略的运用，不仅需要身体的敏捷和力量，更需要心理上的冷静和智慧，以及对局势的精准判断。

杨澄甫先生注解道："仰为上，俯为下，敌欲高攻，吾即因而高之而不可及，敌欲押吾下因而降，使敌失其重心。与已说，仰之弥高眼上看，心想将敌人掷上房屋；俯之弥深，想将敌人打入地内。……长者进也，促者迫也。与人对敌时，可进不可退。伸手长劲，我手愈进愈长，不进则短。我击敌，敌退时我进身跟步，促迫敌不能逃也，敌不逃脱，我为顺，敌为背，可能施其机。总言之，即'粘连黏随'之意义矣。"

"一羽不能加，蝇虫不能落，人不知我，我独知人，英雄所向无敌，盖皆由此而及也！"

太极拳的实践要求练习者在行拳过程中实现意识、肌肉与呼吸的深度放松，这种放松状态是内气顺畅流通和感知能力提升的关键。在行拳时，羽毛一般的轻触就即刻知道该力的源头，蝇蚊一般细小的昆虫触及皮肤时能感受到明显的着力点。通过长期的练习能够做到自身的变化而他人无法察觉，自己却能洞悉对方意图，从而在对抗中占据优势。通过无为的放松状态，训练身体感觉器官的极致感知能力和反应速度，如此在交手中则无往不胜。

杨澄甫先生注解道："练功久，感觉灵敏，稍有接触即知，独如一鸟毛之轻，我亦不驮。蝇虫之小，亦不能着落我身。即便着落琉璃瓶内，光滑不能立足，我以化力，将蝇足分蹉矣，如此可谓太极之功成矣。……与人对敌，不出有一定架式，使敌无处入手。如诸葛用兵，或攻或守，敌莫能预测，谚云：'不知我葫芦卖的是什么药'。敌不知我练太极有审敌之法，如搭手素熟懂劲，我手有灵动知觉，敌手稍动我早知来意，随手凑巧以发即出。如离远用审敌法，以望即知其动作。兵法云：'知己知彼百战百胜。'英雄所向无敌，盖皆由此而及也。"

"斯技旁门甚多，虽势有区别，概不外乎壮欺弱，慢让快耳。有力打无力，手慢让手快，是皆先天自然之能，非关学力而有也。"

中国传统的武术流派纷繁复杂，各种拳术流派层出不穷，即便同属太极拳体系，不同流派之间亦展现出风格上的差异。在多数武术对抗情境中，力量强大的往往凌驾于柔弱之上，反应迟缓的常被快速反应所控制，力量大者自然胜过力量小者。这些现象实是人的本能反应。武术的对抗不仅是技艺的较量，更是对习武者身心素质的全面考验。在不断地修炼与实践这一过程中，将一些宇宙的法则转化为运动力学的智慧，从而在对抗中展现出超凡的身法与力量。

杨澄甫先生注解道："虽拳类繁多，各门姿式用法不同。总而言之，盖注重手快力大则一也，此种说法，人生就有，非学得也。各拳著名人亦甚多，但未有太极之理之精微奥妙也。"

"察四两拨千斤之句，显非力胜，观耄耋御众之形，快何能为？"

太极拳是一门技巧性极强的运动，精湛的技巧可使弱者胜强，这是太极拳尤为擅长的方面。太极拳的练习能够将全身的力量凝聚于一点，即便外表看似瘦弱的人，能借助全身之力的整合以及旋转和杠杆原理，发挥出"力拔山岳"的惊奇之举。

太极拳在懂劲阶段就能表现出优越的运动技巧，凭借丰富的经验精准控制对手的意图，在对抗中，老年人的沉稳胜过年轻人的灵活多变，往往能够超越一般意义上力量、年龄、速度的限制，展现出一种超越常人的身体协调性和反应速度，这在太极拳中非常普遍。

杨澄甫先生注解道："圣人云：'以力服人者，非心服也。'学艺能无力打有力，手慢胜手快，以巧治敌，能使人实地心服，亦不愧学艺之苦心矣。练太极能引进落空，虽千斤力无所用矣。能灵活才有落空之妙，能引进落空，四两拨千斤之妙得矣。……七八十岁为耄耋，能御众人，指练拳言。不练拳，即年壮，敌一二人难矣。用功人自学拳日起，至老未脱功夫，日久筋骨内壮，气血充足，故七八十岁能敌众人。犹战定军山老黄忠言：'人老马不老，马老刀不老。'其言甚壮。练太极拳人老，精神不老，能敌多人，概此意也。"

"立如平準，活似车轮，偏沉则随，双重则滞。"

太极拳运动强调身体平衡与动作的圆融、流畅。在理论层面，"立如平准"体现了对身体稳定性的追求，要求练习者始终做到八面支撑。"活似车轮"则说明了动作的连贯性与圆活性，始终在动态中实现动作的环形运动。运动中把握阴阳、调节虚实，实现身法的灵活多变，不受制于自己，也不受制于他人。

杨澄甫先生注解道："立如平准，即立身中立不偏，方能支撑八面。即乾、坤、坎、离、巽、震、兑、艮，即四正四斜方向也。活似车轮，言气循环不息。古人云：'得其环中，以应无穷。'腰如车轴，四肢如车轮，如腰不能作车轴，四肢不能转动。自己想使车轴转，可多浇油，腰轴油满方好。同志细细体会，自得之，勿须教也。前说有车轮之比，犹如用一脚蹬轮偏，自然随之而下。何为双重？犹如右脚蹬上右方，左脚蹬上左方，两力平均，自滞而不转动，此理甚明，勿须细说。"

"每见数年纯工，不能运化者，率皆自为人制，双重之病未悟耳。欲避此病，须知阴阳，粘即是走，走即是粘，阴不离阳，阳不离阴，阴阳相济，方为懂劲。"

太极拳作为一种哲学思想的体现，着重要求练习者深入体悟太极思想的内涵，强调对太极哲学内涵的深刻理解与体悟，而非仅仅单纯的身体练习。身法圆转自如，对抗时受制于人，其根本原因往往在于身法出现了"双重"的问题。解决双重问题的关键在于理解阴阳的深刻含义，理解身体各部位的阴阳属性，运动中四肢百骸的阴阳变化，以及交锋时对方的阴阳变化。运动中阴阳既相互分离又相互融合，因势利导，只有做到阴阳灵活应用，才能真正掌握太极拳的精髓。

杨澄甫先生注解道："最浅解说，同志得许多宜处。譬如有几人练太极，日日用功五六年，与人较反被敌制。同志问曰：'你用功五六年，可为纯工矣，何其不胜？请表演十三式观之。'见其练法，骑马坐裆握拳，怒目咬牙，力大如牛，气也未敢出，此为双重练法。……又一人曰：'我不用力练五六年，为何连十岁顽童也打不倒？'同志请其演十三式，见其练法毫不着力，浮如鹅毛，手足未敢伸，眼亦未敢开大，同志笑曰：'尊驾为双浮误矣，双重为病双浮亦为病。'……双重双浮之病，欲避此病，现今易耳。有此拳书容易知之，此书阅法，先阅一遍，拳理甚多，不能一阅就全懂。日后可练十日拳，阅一日书，慢慢此书功效大著矣。如有一节悟明料难，可问高明老师也。阴阳即虚实。总而言之，粘连走化懂敌之来劲，前解甚多不必多叙。"

"懂劲后愈练愈精，默识揣摩，渐至从心所欲，本是舍己从人，多误舍近求远，所谓差之毫厘，谬之千里，学者不可不详辨焉。是为论。"

熟练掌握阴阳在身法中变化的每一个动态，再通过日复一日的练习，将这些阴阳变化的规律内化为身法，使得每一个动作都自然而然地符合太极的原理。这种从有意识的训练到无意识的自然反应的转变是太极拳练习者必须经历的过程。然而，许多练习者在追求太极拳的道路上，往往忽视了这一要点，转而追求一些外在的、形式上的东西，这样就离太极拳的思想越来越远了。太极拳的动作要求极其严谨，运动中对身体的每一部分、每一个动作都进行精细的控制，在理解、实践过程中，哪怕是一点点的偏差，也可能导致完全不同的体验和效果。因此，练习者必须对太极拳的阴阳法则拥有精确的理解和把握，这是学习太极拳必须遵循的首要原则。

杨澄甫先生注解道："能懂敌之来劲，加以日日习练，即久练久熟之意。揣摩就是悟想老师教的使用法，极熟，出手心想即至，从心所欲得之矣。与敌对手，知要随人所动，不要自动。……能从人便得落空之妙。由己不能由己，能从人就能由己，此理极确实，极奥妙，同志功夫练不到此地位，恐不易知耳，此说极明显。……与敌对手，多是不用近，而用远。

静以待动，机到即发为近。出手慌忙，上下寻处击敌为远。太极之巧，分寸之大，厘毫之小，所以不可差也。如差厘毫，如千里之远，练拳对手同志不可不注意焉。”

第三节 《十大要论》

陈氏家族自陈王廷创拳后一直在家族内部传承，至第十四世陈长兴晚年总结一生武学心得，由博返约，将家族传承中的套路进行精编，汇总成《老架一路》和《老架二路》，后又对家族武学的理论进行整理汇编，在外界流传的有《十大要论》和《用武要言》。

《十大要论》由十个论点构成，是陈氏家族的一部较为全面的武学理论集成。

第一论：一理。

夫物。散必有统，分必有合。天地间，四面八方，纷纷者各有所属；千头万绪，攘攘者必有其源。盖一本可散为万殊，而万殊咸归于一本。拳术之学，亦不外此公例。

夫太极拳者，千变万化，无往非劲。势虽不侔，而劲归于一。夫所谓一者，自顶至足，内有脏腑筋骨，外有肌肤皮肉，四肢百骸相联而为一者也。破之而不开，撞之而不散。上欲动而下自随之，下欲动而上自领之；上下动而中部应之，中部动而上下和之。内外相连，前后相需。所谓一以贯之者，其斯之谓与！

而要非勉强以致之袭焉！而为之也，当时而动，如龙如虎，出乎而尔，急如电闪；当时而静，寂然湛然，居其所而稳如山岳。且静无不静，表里上下，全无参差牵挂之意；动无不动，前后左右，均无游疑抽扯之形。洵乎若水之就下，沛然莫能御之也。若火机之内攻，发之而不及掩耳。不假思索，不烦疑议，诚不期然而已然。

盖劲以积日而有益，功以久练而后成。观圣门一贯之学，必俟多闻强识，格物致知，方能有功。是知事无难易，功惟自进，不可躐等，不可急就；按步就序，循序渐进。夫而后百骸筋节，自相贯通，上下表里，不难联络，庶乎散者统之，分者合之，四肢百骸终归于一气矣！

开篇首论太极拳之“太极”之理，此理即太极拳的运动总纲。太极象征星体之圆，是一个由阴阳二气构成的恒动球体，人体虽非球体，但通过模仿天地大太极的象与动，运用肢体动作招式，也能构建一个运动中的太极浑圆之体，在运动中兼顾人体的前后左右上下，使人体四肢百骸既独立又整体聚合，处处体现太极之圆，周身合一亦为太极之圆。与人交手时，时时感知是否得机得势，能动则动，宜静则静，蓄势收发自如。太极拳的练习是一个循序渐进、步步为营的递进过程，最终达到筋骨相合，周身一体，均由内气支配而运动。

第二论：二气。

天地间未有一往而不返者，亦未尝有直而无曲者矣。盖物有对待，势有回还，古今不易之理也。故尝有世之论捶者，而兼论气者矣！

夫主于一，何分为二？所谓二者，即呼吸也。呼吸，即阴阳也。捶不能无动静，气不能无呼吸。呼则为阳，吸则为阴；上升为阳，下降为阴；阳气上升而为阳，阳气下行而为阴；阴气上升即为阳，阴气下行仍为阴。此阴阳之所以分也。

何谓清浊？升而上者为清，降而下者为浊。清者为阳，浊者为阴。然分而言之为阴阳，浑而言之统为气。气不能无阴阳，即所谓人不能无动静，鼻不能无呼吸，口不能无出入，而所以为对待、回还之理也。然则气分为二，而贯于一。有志于是途者，甚勿以是为拘拘焉耳！

中国古典哲学思想认为人是由阴阳二气在运动中构成的，天地阴阳往复循环，万物生生不息。气机运行出入升降，在人体中的运动方式也是一样的。中国传统武术运动尤其重视呼吸，古称“吐纳”，吸入为纳为阴，下降到丹田；呼出为阳为吐，上升至百会，在任督二脉十二经间循环往复。古人在生活经验中也深知呼吸对于运动的强有力支持，优越的呼吸方法能让武术身法更胜一筹。

第三论：三节。

夫气本诸身，而身节部甚繁，若逐节论之，则有远乎拳术之宗旨；惟分为三节而论，可谓得其截法。

三节，上、中、下，或根、中、梢也。

以一身言之：头为上节，胸为中节，腿为下节。

以头面言之：额为上节，鼻为中节，口为下节。

以中身言之：胸为上节，腹为中节，丹田为下节。

以腿言之：胯为根节，膝为中节，足为梢节。

以臂言之：膊为根节，肘为中节，手为梢节。

以手言之：腕为根节，掌为中节，指为梢节。

观于此，而足不必论矣！然则自顶至足，莫不各有三节也。要之，即莫非三节之所，即莫非着意之处。盖上节不明，无依无宗；中节不明，满腔是空；下节不明，颠覆必生。由此观之，身三节部，岂可忽也？

至于气之发动，要从梢节起，中节随，根节催之而已。此固分而言之；若合而言之，则上自头顶，下至足底，四肢百骸，总为一节，夫何为三节之有哉！又何三节之中各有三节云乎哉！

太极生“天、地、人”三才，太极拳节节贯穿运动中，也有根节、中节、梢节三分之法。要对人体的运动系统及其力的形成与传递完全掌握，就需要知晓一个劲力的根节、中节、梢节。弄清根节就知道劲力的源头；弄清中节，就知道劲道的传递过程；弄清梢节，就知道力的目的地。

在太极拳运动体系里面，有三个根节很关键：一是脚，拳论中说“力从脚起”，周身之力来自身体放松下沉后脚对地面的反作用力；二是腰，腰部是传输力量的枢纽，力从脚起之后到腰部，腰部根据动作招式的需要来输送力量；三是肩，肩为两臂提供动力，太极拳八门劲“掤、捋、挤、按、採、挒、肘、靠”都要依靠两臂来完成。这三个根节从整体而言：脚为根节，腰为中节，肩为梢节。

第四论：四梢。

试于论身之外，而进论四梢。夫四梢者，身之余绪也。言身者初不及此，言气者亦所罕闻。然捶以由内而发外，气本诸身而发梢。气之为用，不本诸身则虚而不实，不行于梢则实而仍虚。梢亦可弗讲乎？若手、指、足，特论身之梢耳！而未及梢之梢也！

四梢惟何？发其一也。夫发之所系，不列于五行，无关于四体，是无足论矣！然发为血之梢，血为气之海。纵不本诸发而论气，要不可离乎血以生气；不离乎血，即不得不兼乎发。发欲冲冠，血梢足矣！

抑舌为肉之梢，而肉为气之囊。气不能行诸肉之梢，即气无以充其气之量。故必舌欲催齿，而肉梢足矣！

至于骨梢者，齿也。筋梢者，指甲也。气生于骨而联于筋，不及乎齿，即不及乎骨之梢；不及乎指甲，即不及乎筋之梢。而欲足尔者，要非齿欲断筋，甲欲透骨不能也！果能如此，则四梢足矣！四梢足，而气自足矣！岂复有虚而不实、实而仍虚之弊乎！

太极拳为内家拳，主修气血和筋骨，太极拳借用中医诊断学理论，通过对一个人的头发、舌头、牙齿、指甲的外观表现来判断其气血的充盈与通达，以及筋骨的强壮。太极拳的劲力形成是一种筋骨相合的力量状态，由于气血的充盈，劲力才产生亦持久。太极拳继承道家学说，认为气血之府在人体中间部位的丹田，气血由丹田推至全身经络，这就是一气贯通，劲达末梢，故有拳理说“意到气到力到”，所以通过一个人四梢的表现就能看出其劲力的强弱。

第五论：五脏。

夫捶以言势，势以言气。人得五脏以成形，即由五脏而生气。五脏实为性命之源，生气之本，而名为心、肝、脾、肺、肾也。心属火，而有炎上之象；肝属木，而有曲直之形；脾属土，而有敦厚之势；肺属金，而有从革之能；肾属水，而有润下之功。此乃五脏之义，而犹准之于气，皆有所配合焉。凡世之讲拳术者，要不能离乎斯也。

其在于内，胸廓为肺经之位，而肺为五脏之华盖，故肺经动，而诸脏不能不动也。两乳之中为心，而肺抱护之；肺之下、隔之上，心经之位也。心为君，心火动，而相火无不奉命焉。而两乳之下，右为肝，左为脾，背之十四骨节为肾。至于腰，为两肾之本位，而肾为先天之第一，又为诸脏之根源。故肾气足，则金、木、水、火、土无不各显生机焉。此论五脏之部位也。

然五脏之存乎内者，各有定位。而见于身者，亦有专属。但地位甚多，难以尽述。大约身之所系，中者属心，窝者属肺，骨之露处属肾，筋之联处属肝，肉之厚处属脾。想其意：心如猛，肝如箭，脾之力大甚无穷，肺经之位最灵变，肾气之动快如风。是在当局者自为体验，而非笔墨所能尽罄者也。

借助中医学藏象理论来构建武术的理论，以此认识机体的功能，五脏各有其性且五脏对应五行，心为火性，为君主之官，主血脉运行，总领周身的生命活动及肢体的运行。

肝为木性主筋，为将军之官，四肢百骸的收缩或屈伸全凭肝气的运行。肝的状态影响情志的表达，肝气郁结者寡言少语，情绪低落；肝火旺，易怒易暴，筋经韧带弦绷。因此，肝气的虚盈影响着运动的正常稳定和平衡，也影响着周身之力的合劲。同时肝脏也是人体最大的代谢器官，影响着人体新陈代谢系统的运行。

脾为土性主运化食物，为仓廪之官，化生血液，统摄血液，同时主四肢肌肉骨骼。脾为后天之本，运化体内的食物，将食物消化后进行分解化生为气血，为身体的运行提供营养和能量。营养充足、气血充盈，四肢就越发强壮、灵活。

肺为金性司呼吸，为相傅之官，辅佐心的功能，主管着全身的气脉流通，调节全身的功能活动。肺主宣发和肃降，能将津液和水谷精微布散全身，为四肢百骸的运动供给能量。

肾为水性藏精纳气，为作强之官，主管周身骨骼及脑髓，主生长发育和生殖。肾藏为先天之本，元气、精气都藏于肾，四肢百骸的生长发育全赖精气的虚实。肾在腰部后两侧，太极拳以腰为轴，在丹田左右旋转的同时也按摩刺激着肾脏，肾的藏精纳气，为人体生理活动提供着源源不断的精微物质。

中国武术中的强身健体不仅是指筋骨的强壮，还有脏腑生理功能的强壮。

第六论：三合。

五脏既明，再论三合。夫所谓三合者，心与意合，气与力合，筋与骨合，内三合也；手与足合，肘与膝合，肩与胯合，外三合也。

若以左手与右足相合，左肘与右膝相合，左肩与右胯相合，右三与左亦然。以头与手合，手与身合，身与步合，孰非外合。心与目合，肝与筋合，脾与肉合，肺与身合，肾与骨合，孰非内合。然此特从变而言之也。

总之，一动而无不动，一合而无不合，五脏百骸悉在其中矣。

人体仿生太极的自然运行之道，运动要做到周身浑然一体，内外合一，就必须了解“三合”，做到“三合”。“三合”先从身形开始，“外三合”不仅仅是某一个方向的合，而是全方位的合。例如“肩与胯合”，是左肩与左胯的前合、下合、外侧合、后合；右肩与右胯的前合、下合、外侧合、后合；同时还是左肩与右胯，右胯与左肩的前合、下合、外侧合、后合，行拳时上下相随、左右相应、前后相通，如此才是周身一体。做到了“外三合”才能向“内三合”发展练习，而内三合不仅是“心与意、气与力、筋与骨”，依据经络学说还包括脏腑与形体构成的相合，周身的内外六合，才算是周身浑然的太极之体。

第七论：六进。

既知三合，犹有六进。夫六进者何也？头为六阳之首，而为周身之主，五官百骸，莫不体此为向背，头不可不进也。手为先锋，根基在膊，膊不进则手却不前矣。是膊亦不可不进也。气聚于腕，机关在腰，腰不进则气馁而不实矣。此所以腰贵于进者也。意贯周身，运动在步，步不进则意索然而无能为矣。此所以必取其进也。以及上左必进右，上右必进左，共为六进。

此六进者，孰非着力之地与！要之，未及其进，合周身毫无关动之意；一言其进，统全体全无抽扯之形。六进之道，如是而已。

知道了太极拳运动体系中人体的“三节”“四梢”“五脏”“六合”的划分，下一步就要掌握这些概念在太极拳运作中的应用。所谓“手眼身法步”，一动一静皆有法则。

头位于人体最高处，最能影响人体重心的稳定，身体若前进或后退，必以头为中心。两手运动为身体最外一层的圈体，手的根节是胳膊，胳膊不跟进，两手就成了无本之木，没有根基。周身之力的枢纽在腰，腰部即丹田内气所存之地，又是力量输出枢纽。武术中步法为精髓，身法的灵活多变，必待步法的支持。“六进”与前面的“三节”论相呼应，即梢节的运行必有根节的支持，根梢之间不可断续。

第八论：身法。

夫发手击敌，全赖身法之助，身法维何？纵、横、高、低、进、退、反、侧而已。

纵，则放其势，一往而不返。

横，则理其力，开拓而莫阻。

高，则扬其身，而身有增长之意。

低，则抑其身，而身有攒促之形。

当进则进，殚其力而勇往直前。

当退则退，速其气而回转扶势。

至于反身顾后，后即前也。

侧顾左右，左右恶敢当我哉！

而要非拘拘焉而为之也。

察夫人之强弱，运乎己之机关。有忽纵而忽横，纵横因势而变迁，不可一概而推。有忽高而忽低，高低随时以转移，岂可执一而论。时而宜进，不可退，退以馁其气；时而宜退，即以退，退以鼓其进。是进固进也，即退亦实以助其进。若反身顾后，而后不觉其为后；侧顾左右，而左右不觉其为左右。总之，观在眼，变化在心，而握其要者，则本诸身。身而前，则四体不命而行矣。身而怯，则百骸莫不冥然而处矣。身法，顾可置而不论乎。

身法是一项拳法或一种武术运动风格的标志。武术就是技巧，身法的娴熟是功夫高低的外在表现，旨在根据对方力的方向与虚实来进行应对，所以身法也是与人交手中制胜的法宝。

第九论：步法。

今夫四肢百骸主于动，而实运以步。步者，乃一身之根基，运动之枢纽也。以故应战、对战，本诸身；而所以为身之砥柱者，莫非步。随机应变在于手；而所以为手之转移者，又在于步。进退反侧，非步何以作鼓动之机？抑扬伸缩，非步何以示变化之妙？即谓“观察在眼，变化在心”，而转弯抹角，千变万化，不至穷迫者何？莫非步之司命！而要非勉强可致之也。

动作出于无心，鼓舞出于不觉。身欲动，而步以为之周旋；手将动，而步亦早为之催迫。不期然而已然，莫之驱而若驱。所谓“上欲动而下自随之”，其斯之谓与！

且步分前后。有定位者，步也；无定位者，亦步也。如前步进，而后步亦随之，前后自有定位也；若前步作后步，后步作前步，更以前步作后步之前步，后步作前步之后步，前后亦自有定位矣。

总之，捶以论势，而握要者，步也。活与不活，在于步；灵与不灵，亦在于步。步之为用大矣哉！

古有拳谚说："教拳不教步，教步打师父。"武术体系建设中首以步法为基础，步法在武术运动中保证了身体的平衡，在对抗中快速抢得先机，在失势时能及时脱险，身法的完成依赖步法的支持。太极拳尤其注重下盘关节运动链的练习，步法在运行中虚虚实实、欲进先退、行左必右、沉下则上，身法若要占据先机必赖以步法的灵活变换与技巧，其能以小胜大、以弱胜强、以柔胜刚、以慢胜快是得以步法的运用。

第十论：刚柔。

夫拳术之为用，气与势而已矣。然而气有强弱，势分刚柔。气强者取乎势之刚，气弱者取乎势之柔。刚者以千钧之力而扼百钧，柔者以百钧之力而破千钧。尚力尚巧，刚柔之所以分也。

然刚柔既分，而发用亦自有别。四肢发动，气行诸外，而内持静重，刚势也；气屯于内，而外现轻和，柔势也。用刚不可无柔，无柔则环绕不速；用柔不可无刚，无刚则催逼不捷。刚柔相济，则沾、粘、连、随、腾、闪、折、空、掤、捋、挤、捺，无不得其自然矣。刚柔不可偏用，用武岂可忽耶！

刚与柔是阴阳在事物形质上的表现，在太极拳则表现为内气的强弱与身法的机势。运动中刚亦含柔，气弱者身法用柔，气盛则使刚。刚与柔是力量和技巧之间的变化，柔者以四两拨千斤之巧，刚者挟威力以欺弱小之势。

与人交手中，丹田之气发到四肢梢节即为刚，内气聚入丹田则为柔。有柔才能转化，无刚则不能攻击。以柔克刚，以刚破柔，刚柔并济的身法才是太极一体。一刚一柔间气血一盈一虚，经络一开一合，久而久之，气血充盈，筋骨、脏腑愈发强壮，增劲力、延益寿。

第四节 《十三势行功心解》

本篇太极拳论著作据考为王宗岳所著，唐豪版《十三势行功心解》全文如下：

以心行气，务令沉着，乃能收敛入骨；以气运身，务令顺遂，乃能便利从心。精神能提得起，则无迟重之虞，所谓顶头悬也；意气须换得灵，乃有圆活之趣，所谓变动虚实也。发劲须沉着松净，专注一方；立身须中正安舒，支撑八面。

行气如九曲珠，无往不利；运劲如百炼钢，何坚不摧？形如搏兔之鹄，神如捕鼠之猫。静如山岳，动若江河。蓄劲如张弓，发劲似放箭。曲中求直，蓄而后发。力由脊发，步随身换。收即是放，断而复连。往复须有折叠，进退须有转换。极柔软，然后极坚刚。能呼吸，然后能灵活。气以直养而无害，劲以曲蓄而有余。心为令，气为旗，腰为纛。先求开展，后求紧凑。乃可臻于缜密矣。

又曰：先在心，后在身。腰松，气敛入骨，神舒体静。刻刻在心。切记“一动无有不动，一静无有不静”。牵动往来气贴背，敛入脊骨。内固精神，外示安逸。迈步如猫行，运劲如抽丝。全身意在精神，不在气。在气则滞。有气者无力，无气者纯刚。气若车轮，腰如车轴。

太极拳行拳中意识要安宁，内气要下沉，以心来导引内气运行，使内气贯穿至筋骨支配周身关节运动链的运行。百会穴处有虚轻的上领意识，就会精神抖擞、炯炯有神，导引内气游刃有余，身体运动起来就会圆活灵巧，运动中虚实平衡相应。运劲的时候，身体要自然放松、心气下沉，全神贯注于每一个力量的产生与输送。身心始终有中正安祥之态，不惰不怠、不急不躁、不怒不恼，身法的四正四隅都要能做到劲力的掤张来防守八面，保证身体的平衡与稳定。

杨澄甫先生注解道：“平时用功，练十三势用心使气缓缓流行于骨外肉内之间，意为向导，气随行。至于练拳姿势要沉舒，心意要贵静，心不静不能沉着，不能沉着则气不收入骨矣，即是外劲也。练太极拳能收敛入骨，此真正太极劲也。同志想使气运身流通，必得十三势教正无错，方是先师所传的拳，姿势上下顺遂，劲不矫揉，气才能流通，如姿势顺遂，心中指挥手脚遂心矣。精神为一身之主，不但练拳，无论做何事，有精神，迅速必不迟慢，所以讲拳必提精神为先。欲要提精神，头容正直要顶劲，即泥丸宫虚灵劲上升，此法悟通，就是提精神之法也。意气即骨外肉内流动物也，至于练拳打手，想得言不出着一种的兴趣来，必使流动物满身能跑，意左即左，意右即右，就是太极有虚有实的一种变化。意气的换法，犹如半瓶水，左侧则左荡，右侧则右荡，能如是，不但得圆活之趣，更有手舞足蹈之乐。至此境地，若人阻我练拳，恐欲罢不能也，因知身体受无限之幸福矣。与人敌，先将敌治住，打他一个方向，即敌向歪捌的那个方向；如发劲，无论一手，肩肘要沉下，心中要松净，发劲专打敌一个方向，我劲不散，敌不难跌出丈外矣。头容正直，尾闾中正，身即不偏。心内要舒展，以静待动之意。腰腿如立轴，膊手如卧轮，圆转如意，方能当其八面。”

气贯周身，穿行于各关节运动链之间，筋骨相合周身方能一体，运劲时才如精钢一般无坚不摧。太极拳浑身是“手”，运动中身形随时可得机发劲，神情像猫捕鼠时一样专注。静止的时候像大山一样厚重、沉稳，让人望而生畏，运行的时候像江河之水汹涌澎湃，连绵不断让人退避三舍。蓄劲的时候关节自然展开，发劲则松活弹抖，才有贯通力。在以弧线引进、化解或随对方的力运行的同时，还能寻找到发力攻击的点，发力前应注意根节的收蓄，没有收蓄就没有力量。身体的力量都来自背脊，由丹田的旋转通过背脊来输出。身体的发力要依靠地面反作用力的支持，那么步法就要随时调整到可以产生力学结构。一招接一招，一势续一势，连绵不断。气力的来回和身法的进退都要有阴阳的转换，阳极生阴，阴极生阳，如此循环往复力量生生不息。太极拳通过对筋骨放松的练习，气润筋骨则百柔成刚。运动中保持有氧的呼吸状态，代谢的能量就会持续供应身体的需求，身法就可以一直保持灵活多变。养气对太极拳是最有益的，发力前应通过身法来蓄势待发。意到气就到，腰身为劲力输出的枢纽。开始练习的时候要把肢体打开，运动链的组合要大开大合，力求肢体关节的最大运动限度，形成一个大的太极圈。随后在练习的过程中逐步缩小关节运动链的活动范围，将大圈变成小圈，力求在关节运动链最小的活动范围内进行肢体的阴阳转换。

杨澄甫先生注解道："九曲珠，即一个珠内有九曲湾也。人身譬如珠，四体百骸无不弯也，能行气四肢无有一处不到，行气九曲珠功成矣。运劲如百炼钢，即内劲，非一日之功也，日月练习慢慢磨炼出来的。犹如一块荒铁，日日锤炼，慢慢化出一种纯钢来，欲作刀剑，其锋利无比，无坚不摧。太极练出来细而有钢之劲，即铁人亦能打坏，何妨敌者为血肉之躯乎。鹘者，飞禽也，鹰类也，冬猎用之。此言与人对敌，比仿我形式如鹰鹘，见物拿来，眼要盯住敌人，一搭手就可将敌擒到，即如鹘捕物之状，此喻非骂人也。先师文字如此，不得不解之，望诸君勿疑焉。猫像虎形能捕鼠，等鼠伏身坐卧后腿，全身精神贯注鼠洞，如出猛捕之得鼠焉。此言太极有含胸拔背之势，如猫捕鼠之形，待机而发，敌得受用矣。用功日久，腿下有根，站立如山，人力不可摇动也。江河之喻言各种变化无穷，一手变五手，五手变白手，言其滔滔不绝，如江河之长也。蓄者藏也，太极劲不在外，藏于内，如敌对手时，内劲如开弓，不射之圆满，犹皮球有气充之，敌人伏我膊，虽绵软而不能按下，使敌莫名其妙，敌心疑时，不知我弓上已有箭要发射矣。我如弓敌如箭，出劲之速，敌如箭跌出矣。曲中求直即随曲就伸之意。蓄而后发，力由脊发，收是放，一理也。就是神如捕鼠之猫之理，一二语道尽，学家宜自得之。与人对敌，或来或往，折叠即曲肘弯肱之式，折背敌其身手，此系近身使用法，离远无用，进退不要泥一式，须有转换，随机变化也。练十三势要用柔法，然后功成就生出柔中含藏内劲。呼吸者，盖吸能提得人起，能使敌后足离地。再呼气，力从脊内发出全身之劲，放得人远出。呼吸灵通。身法然后才能灵活无滞。练太极是养气之法，非运气之工作也，何为运气？人心急有力弩气练法，气聚一个地方，放出不易，恐与内有妨碍。何为养气？孟子云：'我善养吾浩然之气。'不急不躁，先天气生，静心养性。练拳使内精气神合一，行气流通九曲珠，如未得到益，定无害也。与人敌，不使膊伸直，能上下相随，步随身换，膊未直而力有余，敌早跌出，就是劲以曲蓄而有余。太极之理，犹行军战事，必有令旗指挥驱使。练太极亦然，所以心为令，就是以心行气，能使气如旗，意之所至，气即随之而到，就是心如令气如旗。腰为纛者，即军中大纛旗也，小旗主动，大旗主静。拳法腰可作车轴之转，不能倒捌大纛旗也。开展大也，松其筋肉。初学练拳先求姿势开大，谓能舒筋活血，容易转弱为强。强而后，研究外能筋骨肉合一，内有精气神相聚，谓之紧凑。内外兼修，加以动静变化，自开展而及紧凑，身体强而使用全，可至缜密矣。如说拳大练小练则误矣。”

行拳时先要调整心神的虚静状态，唯精唯一，然后以心发之意摧动身体的运动。腰腹放松，气才能下沉，充盈的气机就能贯通于关节运动链的筋骨中。气下沉，心胸才能虚空，胸无横气、上虚下实，身心自然安静。太极拳周身一体，看似某个部位的一个动作，却不是局部的运动，而是周身关节运动链的组合运动。太极拳以脊柱行拳，气贴着脊背运行，上传下达以支配关节运动链。行拳时心意要内观自我，身法则要安定、轻松，轻柔才能化解身体的僵硬之力，才能便于气血的流通。劲力推动肢体要精细，步法落地要轻，感受肢体间在运动中的力学结构，关节运动链以螺旋缠绕的运动方式来产生劲力支配身体运动。行拳中用意识感受身体、支配身体，而不只是运气摧动身体的运行。如果只考虑气机的摧动，不用意识内观身体的力学结构，那么身体的运行就会僵滞。气要与筋骨相合，不然就没有力量，如果只有筋骨的支撑，没有气的参与，这个劲力就显得笨拙。太极拳以意御气，以气运身，气机在体内要像车轮一样运转不息、周而复始，从丹田到梢节，从梢节回丹田，丹田的旋转带动腰部左右、上下的运转输送劲力。

杨澄甫先生注解道：“初学对敌，用心之专，恐不能胜。练成之后，无须有心之变化，身受击处自能应敌，心中不知，敌跌出矣。即为不知手之舞之。初学在心，成功后在身。尤如初学珠算，心先念歌手操之，后熟心，不歌手能如意，亦先在心后在手，拳理亦然。腹，虽注意犹松舒，不要鼓劲。气敛入骨，骨肉沉重矣。外如棉花，内似钢条，犹如棉花裹铁。谨记一动全身之动，不要一部分动，犹火车头行动，诸车随动焉。太极动劲要整，虽整而又活焉，如行车无不动矣。身虽动心贵静，如心一静全身静，虽静又寓动焉。如动要上下相随至要。牵动往来，即手之舞动。气吸能入贴于脊背，蓄而待发。气息能藏于脊骨，即有内固之精神。外表文雅安逸，虽练武而犹文也。太极拳步行走，如猫行之轻灵。练拳运劲，如抽丝之不断。人身有三宝，曰：精、气、神。太极意在此，不在气者，不在运气之气，在气则滞。如运气膨胀一部分，滞而不灵，有气者无力。有浊气者，自觉有力，敌觉我无力。无气者纯刚，无浊气即生绵力，意想则力到。如搭手，如皮条搭在敌膊上，所以我未用力，敌觉我手重如泰山矣。不用直力则巧力生，无浊气者为纯刚。全身意气如车轮流行，腰为一身之主宰，腰如车轴能圆转，所以拳变化在腰间也。”

第五节 《陈氏太极拳图说》节选

《陈氏太极拳图说》是陈氏武学集大成的著作，从太极思想的源流到中医基础理论，再到陈氏太极拳理的概论，最后又对拳法进行了逐一精细的绘图描述，共四卷，综合构建了太极拳拳理拳法体系。

摘选部分章节，供大家在练习、研究中参考。

一、《太极拳缠丝精论》

太极拳缠丝法也，进缠、退缠、左右缠、上下缠、里外缠、大小缠、顺逆缠。而要莫非即引即缠，即进即缠，不能各是各着。若各是各着，非阴阳互为其根也。世人不知，皆目为软手，是一外面视之，皆迹象也。若以神韵论之，交手之际，刚柔并用，适得其中，非久于其道者，不能澈其底蕴。两肩鞟下，两肘沉下，秀若处女见人，肆若猛虎下山。手即权衡，称物而知其轻重。打拳之道，吾心中自有权衡。因他之进退缓急，而以吾素练之精神临之，是无形之权衡也。以无形之权衡，权有形之迹象，宜轻宜重，而以两手斟酌，适得其当，斯为妙手。

二、《任脉、督脉论》

任脉起于会阴，上行循腹里，至天突、廉泉止。督脉亦由会阴起，过长强，顺脊逆行而上，至百会，下降至人中止。

人身之有任、督，犹天地之有子午也。人身任、督以腹背言，天地任、督以南北言。皆位乎中，可以分，可以合也。分之以见阴阳之不离，合之以见浑沦之无间。一而二，二而一也。盖人能明任、督以运气保身，犹明爱民以安国。民毙国亡，任衰身谢。是以上人行导引之术，以为修仙之根本。

打拳以调养血气，呼吸顺其自然，扫除妄念，卸净浊气。先定根基，收视返听，含光默默，调息绵绵，操固内守，注意玄关。功久则顷刻水中火发，雪里花开，两肾如汤热，膀胱似火烧，真气自足。任、督犹车轮，四肢若山石，亡念之发，天机自动。每打一势，轻轻运行，默默停止，惟以意思运行则水火自然混融，久之水火升降如桔槔之吸水，稻花之凝露，忽然一粒大如黍米，落于黄庭之中，此采铅家投汞之真秘。

打拳行到此地。注意不可散，功不可停。一散一停，丹不成矣。……日日行之，无差无间，炼之一刻，则一刻周天；炼之一时，则一时周天；炼之一日，则一日周天；炼之一年，则一年周天；炼之终身，则终身周天。练过十年以后，周身混沌，极其虚灵，不知身之为我，我之为身，亦不知神由气生，气自有神。周中规，折中矩，不思而得，不勉而中。水不求而自生，火不求而自出。虚室生白，黑地引针，不知所以然而然，亦不知任之为督，督之为任，中气之所以为中气也。时措咸宜，自然合拍，此言任督之升降顺逆，佐中气以成功。气，动由肾而生，静仍归宿于肾。一呼一吸，真气之出入皆在于此。

中极穴一名气原，在关元下一寸，脐下四寸，膀胱之募，足三阴、任脉之会。气海一名脖胦，一名下肓。脐下一寸宛宛中男子生气之海。人言气归丹田，亦非无本。总之，任说千言万语，举莫若清心寡欲，培其本原，以养元气。身本强壮，打拳自胜人一筹。

三、《太极拳经谱》

太极两仪，天地阴阳。阖辟动静，柔之与刚。屈伸往来，进退存亡。一开一合，有变有常。虚实兼到，忽见忽藏。健顺参半，引进精详。或收或放，忽驰忽张。错综变化，欲抑先扬。必先有事，勿助勿忘。

经权互用，补短截长。神龙变化，畴测汪洋。沿路缠绵，静运无慌。肌肤骨节，处处开张。不先不后，迎送相当。前后左右，上下四旁，转接灵敏，缓急相将。高擎低取，如愿相偿。

不滞于迹，不涉于虚。至诚运动，擒纵由余。天机活泼，浩气流行。佯输诈败，制胜权衡。顺来逆往，令彼莫测。因时制宜，中藏妙诀。上行下打，断不可偏。声东击西，左右威宣。

寒往暑来，谁识其端。千古一日，至理循环。上下相随，不可空谈。循序渐进，仔细研究。人能受苦，终跻浑然。至疾至迅，缠绕回旋。离形得似，何非月圆。精练已极，极小亦圈。

日中则昃，月满则亏。敌如诈诱，不可紧迫；若逾界限，势难转回。况一失势，虽悔何追。我守我疆，不卑不亢。九折羊肠，不可稍让。如让他人，人立我跌。急与争锋，能上莫下。多占一分，我据形胜。一夫当关，万人失勇。沾连粘随，会神聚精。运我虚灵，弥加整重。细腻熨帖，中权后劲。虚笼诈诱，只为一转。来脉得势，转关何难。实中有虚，人已相参；虚中有实，孰测机关。不遮不架，不顶不延，不软不硬，不脱不沾，突如其来，跌翻绝妙。

试一形容：手中有权，宜轻则轻，斟酌无偏；宜重则重，如虎下山。引视彼来，进由我去。来宜听真，去贵神速。一窥其势，一觇其隙。有隙可乘，不敢不入。失此机会，恐难再得。一点灵境，为君指出。

至于身法，原无一定，无定有定，在人自用。横竖颠倒，立坐卧挺；前俯后仰，奇正相生。回旋倚侧，攒跃皆中。千变万化，难绘其形。

气不离理，一言可罄。开合虚实，即为拳经。用力日久，豁然贯通。日新不已，自臻神圣。浑然无迹，妙手空空。若有鬼神，助我虚灵。岂知我心，只守一敬。

四、《太极拳经论》

自古混沌之后，一画初开，一阴阳而已。天地此阴阳，万物亦此阴阳。惟圣人能葆此阴阳，以理御气，以气行理，施之于人伦、日用之间。以至仰不愧天，俯不怍人，而为天地之至人。要手亦是以理为主，以气行之。其用功与圣贤同。

但圣贤所行者全体，此不过全体中之一端耳，乌足贵。虽然，由一端以恒其功，亦未始不可以即一端以窥其全体。所以，平素要得以敬为主，临场更得恭敬。平素要先养气，临场更要顺气而行。勿使有惰气参，勿使有逆气横。至于用力之久而一旦机趣横生，妙理悉现，万殊一本，豁然贯通焉。不亦快哉！

今之学者，未用功而先期效，稍用力而即期成。其如孔子所谓“先难后获”，何问工夫何以用？必如孟子所谓“必有事焉，而勿正，心勿忘，勿助长也”，而后可。理不明，延明师；路不清，访良友。理明路清而犹未能，再加终日乾乾之功，进而不止，日久自到。

问得几时，小成则三年，大成则九年。至九年之候，可以观矣。抑至九年之后，自然欲罢不能，蒸蒸日上，终身无驻足之地矣。神手复起，不易吾言矣。躁心者易勉诸。

五、《太极拳权论》

天地一大运动也。星辰日月垂象于天，雷雨风云施泽于地，以及春夏秋冬，递运不已。一昼一夜，循环无穷者，此天地之大运动也。圣人一大运动也，区划井田以养民生，兴立学校以全民性，以及水旱盗贼治理有方，鳏寡孤独补助有法，此圣人之大运动也。至于人之一身，独无运动乎？秉天地元气以生，万物皆备于我，得圣人教化以立，人人各保其天，因而以阴阳五行得于有生之初者，为一身运动之本。于是苦心志，劳筋骨，使动静相生，阖辟互见，以至进退存亡，极穷其变，此吾身自有之运动也。

向使海内同胞，人人简练揣摩，不惰躬修，万象森列，显呈法象；又能平心静气，涵养功夫，令太极本体心领神会，豁然贯通。将见理明法备，受益无穷。在我则精神强健，可久天年；在国则盗寇荡除，可守疆域。内外实用，两不蹈空；熙熙皞皞，永庆升平，岂不快哉！

运动之为用大矣哉。虽然，犹有进，盖有形之运动，未若无形运动之为愈；而无形之运动，尤不若不运动自运动者之为神。运动至此，亦神乎运动矣。则其运动之功，既与圣人同体，又与天地合德；浑浑穆穆，全泯迹象，亦以吾身还吾心之太极焉已耳；亦即以吾心之太极，还太极之太极焉已耳。岂复别有作用哉。

六、《太极拳名义说》

拳以太极名，古人必有以深明乎太极之理，而后于全体之上下、左右、前后，以手足旋转运动，发明太极之蕴，立其名以定为成宪。义至精也，法至严也。后之人事不师古，不流于狂妄，即涉于偏倚，而求一不刚不柔，至当却好者，以与太极之理相吻合，盖亦戛戛乎其难矣。

然吾思古之神圣能发明太极之理者，莫如包羲氏、夏后氏，《河图》《洛书》有明证也。惜乎予学识浅，未能窥其蕴奥。且其书最精深，又不易阐发。于《河图》《洛书》，未能道破一语，而特于羲经所著阴阳错综、六爻变化与神禹所传之五行相生相克者，窃取万分之一焉。

然所取者，或以卦名，或以爻辞，或以水火木金土生克之文，因其近似者引之以为佐证，其泛滥肤浅亦不过古人之糟粕已耳。杂乱无章，随意采择，于《图》《书》生生大数之序毫不相似，况其内之精华者乎？

虽然，亦不必泥。古人笔墨，原非为拳而设。其包括宏富，亦若为拳而设，随意拾取，无不相宜。此亦足见太极之理精妙活泼，而令万事万物各适其宜，用之者无不各如其意。以偿之事虽纤细，理无或遗。任天下纷纭繁颐，万殊皆归于一本，妙何如也。

后之人苟能于古人之糟粕，即其委而求其源，未始无补于身心命名之学。虽曰拳为小道，而太极之大道存焉。况其为用最广，运动者宜留心焉。深玩细思，久之自有得也。拳之益人，岂浅鲜哉！

七、《太极拳推原解》

斯人父天母地，莫非太极阴阳之气酝酿而生。天地固此理，三教归一亦此理，即宇宙之万事万物，又何莫非此理。况拳之一艺，焉能外此理而另有一理。

此拳之所以以太极名也：拳者，权也，所以权物而知其轻重者也。然其理实根乎太极，而其用不遗乎两拳。且人之一身，浑身上下都是太极，即浑身上下都是拳。不得以一拳目拳也。其枢纽在一心。心主乎敬，又主乎静。能敬而静，自葆虚灵。天君有宰，百骸听命。动则生阳，静则生阴。一动一静，互为其根。清气上升，浊气下降。百会中极，一体管键。

初学用功，先求伏应。来脉转关，一气相生。手眼为活，不可妄动。

其为气也，至大至刚，直养无害，充塞天地。配义与道，端由集义，浑灏流行，自然一气。轻如杨花，坚如金石，虎威比猛，鹰扬比疾。行同乎水流，止侔乎山立。进为人所不知，退亦人所莫名速。理精法密，条理缕析。放之则弥六合，卷之则退藏于密。其大无外，其小无内。中和元气，随意所之。意之所向，全神贯注。变化犹龙，人莫能测。

运用在心，此是真诀。不偏不倚，无过不及。内以修身，外以制敌。临时制宜，只因素裕。不即不离，不沾不脱。接骨斗笋，细心揣摩。真积力久，升堂入室。

八、《太极拳著解》

人之一身，心为主，而宰乎肉。心者，谓之道心，即理心也。然理中能运动者，谓之气，其气即阴阳五行也。然气非理无以宰，而理非气无以行。故理与气不相离而相附，此太极根无极者然也。

天之生人，即以此理此气生于心。待其稍有知识，而理气在人心者浑然无迹象。然心之中或由内发，或由外感，而意思生也。当其未生，浑浑混混，一无所有。及其将生，其意微乎其微，而阴阳之理存乎其中。顺其自然之机，即心构形，仍在人心之中，即中庸。所谓未发也，及其将发，而心中所构之形呈之于外，或上或下，或左或右，或前或后，或偏或正，全体身法无不具备。

当其未发构形之时，看其意像什么形，即以什么命名，亦随意拾取，初无成心。是时即形命名之谓着。而每着之中，五官百骸顺其自然之势，而阴阳五行之气运乎其中。所谓动则生阳，静则生阴，一动一静，互为其根。是所谓阳中有阴，阴中有阳，此即太极拳之本然。

如以每着之中，必指其何者为阳，何者为阴，何者为阳中之阴，何者为阴中之阳，此言太滞，言之不胜其言。即能言，亦不无遗漏，是在学者细心揣摩，日久自悟。前贤云："能与人规矩，不能使人巧。"

举一反三在学之者，不可执泥，亦不可偏狃。

身　拳之一艺，虽是小道，然未尝不可，即小以见大。故上场之时，不可视为儿戏。而此身必以端正为本。身一端正，则做事无不端正矣。大体不可跛倚倒塌。况此艺全是以心运手，以手领肘，以肘领身。手虽领身，则身自有身之本位。论体则身领乎手；论要手，则以手领身。身虽有时歪斜，而歪斜之中自寓中正。不可执泥。能循规蹈矩，不妄生枝节，自然合拍。合拍则庶乎近矣。

心 天地间，人为万物之灵。而心又为五官百骸之灵，故心为一身之主，心一动而五官百骸皆听命焉。官骸不循规蹈矩者，非官骸之过，实心之过也。

孟子曰“出入无时，莫知其乡”者，惟心之谓。又“一人虽听之，一心以为有鸿鹄将至”。可见人之有心，但视其操与不操耳。能操，则心神内敛。故足重手恭，头直目肃，凡一切行为无不皆在个中；不操，则心外驰，故视不见，听不闻，食亦不知其味，凡一切行为，无不皆在个外。况打拳一道，由来口授居多，著述甚少。盖由义理，则经史备载，子集流传，不必再赘。

但打拳之势，人皆不知皆由太极而发。其外面之形迹与里面之精意，往往视为拳势是拳势，理路是理路，不能合到一处，是皆不知由理而发之于势故也。不知运势者，气也；而所以运势者，理也。其开合擒纵，无可加损，无可移易，动合自然。是皆天理之应然而然也。苟细揣摩，如行远自迩，登高自卑，则由浅入深，不躐等而进，不中道而止。以我之智力，穷道之旨归。壹志凝神，精进不已，层累曲折，胥致其极。虽高远难至之境，莫非眼前中庸之境？是在操心。

意 意者，吾心之意思也。心之所发谓之意。其一念之发，如作文写字下笔带意之意。意于何见？于手见之。此言意之发于外也。意发于心，传于手，极有意致，极有神情。心之所发者正，则手之所形者亦正；心之所发者偏，则手之所形者亦偏。如人平心静气，则手法、身法自然端正；如人或急切慌张，或怠慢舒缓，则手之所形莫不侧倚必也。躁释矜平，而后官骸所形自然中规中矩。实理贯注于其间，自无冗杂间架。即有时身法偏斜，是亦中正之偏，偏中有正，具有真意。有真意，其一片缠绵意致，非同生硬挺霸流于硬派。

此其意一则由理而发，一则由气而练。若硬手纯是练气，气练成亦能打死人，但较之于理，究竟低耳。故吾之意可知，而彼之意可想。学者所当留心体会，以审其意之所发。

志　心之所之，谓之志。凡人贵立志，不立志则一事办不成，终身居人下矣。如能立志，则所有条理，自始至终，层层折折，悉究底蕴。不敢懈惰，由勉然以造于浑然，所谓有志者事竟成。不然者，败矣。人顾可不立志哉！

恒　天地之道，一恒而已。惟其恒也，日月得天而能久照；四时变化而能久成；圣人久于其道而天下化成，何况一艺。苟独殷殷勤勤，始终无懈，何至苗而不秀，秀而不实乎！《书》曰："学贵有恒。"孔子曰："人而无恒，不可以作巫医。"可见人之用功，惟恒最贵。

志为功之始基，恒为功之究竟。能恒则成，不恒则败。志、恒二字，乃做事之要诀，学者不可不知，尤当猛醒。尝见人之用功，或作或辍，不植将落，反怨师不教人。抑何不返躬自问，其功何如哉？

着　自古圣人有文事者，必有武备。但文事皆有成书，经史子集无所不备。至于武备，则略而不言。自黄帝尧舜，以至唐宋元明总戎机者，虽各著有兵书，然不过步法止齐耳，至打拳皆未之及。

拳之一艺，不知始自何时，俱未见有成书。历唐、宋、元、明、大清，即间有书，亦不过画图已耳，皆未详言其理，以示阶级可升。且尝习此艺者，往往失之于硬，盖由尚血气不尚义理。义理不明，势不至，留于放僻邪侈而不止。

我陈氏自山西迁温县，带有此艺，虽传有谱，亦第图画，义理亦未之及。愚无学识，工夫极浅，不敢妄议注谱。但为引蒙，不得不聊举大意，以示学者下手工夫。

每一着必思手从何处起，何处过，至何处止；外面是何形象，里边是何劲气，要从心坎中细细过去；此着之下与下着之上，夹缝中如何承上，如何起下。必使血脉贯通，不至上下两着，看成两橛。始而一着自成一着，继而一气贯通，千百着如一着矣。

如懒擦衣，右手从左腋前起端，手背朝上，手指从下斜行而上，先绕一小圈，中间手从神庭前过去，徐徐落下。胳膊只许展九分，手与肩平停止，手背似朝上微向前合。其手自始至终行走，大势为弓弯之意。上面如此运行，底下右足亦照此意与手一齐运行。手行到地头，然后足趾亦放得稳当。手中内劲由心发起，过右乳，越中府，逾青灵穴，冲少海，经灵道，渡列缺，至中冲、少冲、少商诸穴止。足是先落仆参，过涌泉，至大敦、隐白诸穴上。且其内劲必由于骨之中，以充于肌肤之上，运至五指上，而后止。顶劲提起，腰劲落下，长强以下翻起来，裆劲落下，右手与左手合住，膝与裆、与胸、与小腹诸处无不合住。合也者，神气积聚而不使之散漫，非徒以空架闲着苟且了事。惟恭敬将事，则神气处处皆到，方不蹈空。下着单鞭，大概与此着同。

大凡手动为阳，手静为阴；背则为阳，胸则为阴。亦有阴中之阳，阳中之阴。某手当令，某手为阳；某手不当令，某手为阴。亦有一着也，先阳而后阴；一手也，外阴而内阳。一阴一阳，要必以中峰劲运之。

中峰者，不偏不倚，即吾心之中气，所谓浩然之气也，理宰于中，而气行于外是也。浊气下降合住裆劲。下盘稳当，上盘亦灵动。千言万语，难形其妙。当场一演，人人可见可晓。落于纸笔，皆成糟粕；形于手足，亦成迹象，而更非迹象，无以显精神，犹之非糟粕无以写义理。是在善学者，孟子曰："能与人规矩，不能使人巧。"其斯之谓欤。

理　理者，天地之节文，人事之仪则也。顺其性之自然，行其事之当然，合乎人心之同然，而究乎天理之所以然。一开一合绝无勉然，一动一静恰合天然。此即吾道之粹然。

气　何谓气，即"天行健"一个行字，天体至健而所以行。此健者，气也。不滞不息，不乖不离，不偏不倚，即是中气。加以直养无害工夫，即是乾坤之正气，亦即孟子所谓浩然之气。一拂气之自然，参以横气则生硬横中。势难圆转自如，一遇灵敏手段，自觉束手无策，欲进不能，欲退不敢，但听他人发落而已，钝何如也。所以，不敢徒恃血气，而并参之以横气。

附中气辩　中气者，中是中，气是气。中是不偏不倚，无过不及之名。以理言气，是天以阴阳五行之气化生万物。有是形即有是气，是人所秉受于天本来之元气也。气不离乎理，理不离乎气。气非理无以立，理非气无以行。气与理两相需者也。理有其偏，气亦有其偏。理之偏，私以参焉；气之偏，横以行焉。惟两得其中，合而言之，曰中气。

窃谓不可以言语形容者，中气耳。中气，即孟子所谓浩然之气，即《易》所谓保合太和之元气也。气不离乎理，言气而理自在其中。打拳以运气为主，然其中自有理以宰之。理之得中者，更不易言，故但以气之附丽于形者，大略言之。

气之在体，无不充周，而其统率在心。心气一发，能先听命者，肾中之志。心机一动，志则顺其心之所向，而五官百骸皆随之而往焉。且各有各体之精，而随各体所往之地位而止也，此是一齐俱到。有分先后，有不分先后。所谓小德川流，大德敦化，道并行而不悖也。

如单鞭一势，起初心欲先合，两手即用倒转精合住，左足即收到右足边，而与右足合住；心欲展开，左手即用顺转精，右手即用倒转精；两大腿用精，左则顺右则倒，顶精即领，胸即含住，腰精即下，裆开足。之后有心无心之间，说合上下一齐合住。

且官体之精，各随各经络运行，无纤悉之或差。心即大体，官骸即小体，德即大体、小体中当然之理也。心机一动，百骸听命，非所谓小德川流，大德敦化，道并行而不悖乎？此所谓中气流行，一气贯通者，如此。

中气与浩然之气、血气辩

中气与浩然之气稍异；与血气大不相同。

中气者，太和之元气，即《中庸》所谓“不偏不倚”。而平常之理，宰乎不刚不柔、至当却好之正气。能用此气以行于手，天下未有穷之者。如或有人穷之，非功夫未到十分火候，即涉于偏倚不中故也。涉于偏倚，非人能穷我，我自穷之也。此气之贵得乎中，名之曰中气，非气之行于官骸之中之谓也。

浩然之气者，大约涉于刚一边多。观于孔子、孟子之气象可知。孔子言语极和平，孟子气象就带廉隅。即其自谓，亦曰：“至大至刚。”吾故曰，涉于刚一边居多，然要亦是秉受之元气，特稍涉于严厉。谓之为元气则可，谓之为太和元气似少逊耳，此所以与中气略有不同处。要拳者能以浩然之气行之，技亦过乎大半矣。再加涵养功夫，则几乎中气矣。

至于血气，乃血脉中流通之气，即拳家所谓横气也。全仗年轻，力气勇猛，而以不情不理凌压敌人。失败者多，即间获胜，力气过大偶然胜之，一遇行手，气虽大而亦败。苟能稍遵规矩，亦能打人，但能屈敌人之身，而不能服敌人之心。至于中气，能令敌人进不敢进，退不敢退，浑身无力，极其危难。足下如在圆石上站着，不敢乱动，几乎足不动即欲跌倒。此时虽不打敌，敌自心服。

情　理与气发于外者为情。人之交接往来则曰人情；文之抑扬顿挫则曰文情。打拳之欲抑先扬，欲扬先抑，其间天机活泼，极有情致。拳无情致，如木偶人一般。死蛇塌地，有何景致。又安能见其生龙活虎，令观者眼欲快睹，口中乐道，心中愿学？此拳之不可无情致也。至于与人交手，断不可看人情。一看人情，则人以无情加我矣。乌乎可。

景　一片神行之谓景。其开合收放，委婉曲折，种种如画，是之谓景。景不离情，犹情之不离乎理，相连故也。

心无妙趣，打拳亦打不出好景致。问何以打出景致？始则遵乎规矩，继则化乎规矩，终则神乎规矩，在我打得天花乱坠，在人自然拍案惊奇。里面有情，外面有景，直如天朗气清，惠风和畅，阳春烟景，大块文章，处处则柳亸花骄，着着则山明水秀。游人触目兴怀，诗家心怡神畅，真好景致。拳景至此，可以观矣。

神　神者，精气发生于外，而无难涩之弊之灵气也。天地间无论何物，精神足，则神情自足。在人虽存乎官骸之中，实溢乎官骸之外。大约心、手、眼俱到则有神，无神则死煞不活，不足动人。

神之在人，不止于眼，而要于眼则易见。故打拳之时，眼不可斜视，必随手往还。……大抵上下四旁，某处当令，则眼神注于某处，此是大规矩。亦有神注于此，而意反在于彼者。此正所谓大将军八面威风，必眼光四射而后威风八面，处处有神也。

打拳之道，本无此势，而创成此势，此即自无而有，何其神也。而况神乎其神，何莫非太极阴阳之所发而运者乎？拳至此，已入室矣。动静缓急，运转随心，何患滞涩而无神情乎！

化　化也者，化乎规矩者也。化之境有二：有造化，有神化。造言其始，化言其终。神化者，夫子“七十，从心所欲不逾矩”是也。打拳熟而又熟，无形迹可拟，如神龙变化，捉摸不住，随意举动，自成法度，莫可测度。技至此，真神品矣。

太极之理，发于无端，成于无迹，无始无终，活盘托出。噫，观止矣！拳虽小道，所谓即小以见大者，盖以此。拳岂易言哉！

九、《太极拳用说》

五行生克，无处不有，无时不然。如两人交手，敌以柔来者，属阴，阴当以阳克之；属水，水当以火克之，此当然之理。势也，人所易知者也。独至于拳则不然，运用纯是经中寓权，权不离经。何言乎尔？彼以柔来者，是先以柔精听我如何答应，而后乘机击我。我以刚应，是我正中其谋，愚莫甚也。问该如何应答？彼以柔法听我，我以柔法听彼；拳各有界，彼引我进，我只可至吾界边，不可再进，再进则失势。

如曰："不入虎穴，焉得虎子。"是以天生大勇者论之，非为常人说法也。即为大勇，亦为涉险。问该如何处置？如彼引吾前进，未出吾界即变为刚，是彼惧我而变柔为刚，是不如我者也，我当以柔克之。半途之中，生此变态，我仍是以柔道之引进落空者击之。如彼引我已至吾界，是时正宜窥彼之机势，视彼之形色，度彼之魄力。如有机可乘，吾即以柔者忽变而为刚击之。此之谓以刚克柔，以火克水。如彼中途未变其柔，交界之际强为支架，亦宜击之。

如彼引我至界，无隙可乘，彼之柔精如故，是劲敌也，对手也，不可与之相持。吾当退守看吾门户。先时我以柔进听之者，至此吾仍柔道听之，渐转而退，仍以柔道引之使进。彼若不进，是智者也。彼若因吾引而遽进，误以我怯，冒冒然或以柔来，或中途忽以柔变刚来，我但稍底其手，徐徐引之使进，且令其不得不进。至不得势之时，彼之力尽矣，彼之智穷矣，彼之生机更迫促矣。是时，我之柔者，忽变而为刚，并不费多力，一转即克之矣。

是时，彼岂不知孤军深入，难以取胜？然当是时，悔之不及，进不敢进，进亦败；退不敢退，退亦败；即不进不退，亦至于败。盖如士卒疲弊，辎重皆空，惟束手受缚，降服而已矣，何能为哉！

击人之妙，全在于此。此之谓以柔克刚，以火克水，仍是五行生克之道也。

天一生水。水外阴而内阳，外柔而内刚，属肾。其以柔进，如水之波流旋绕，不先尚其力，用其智也。地二生火。火外阳而内阴，外刚而内柔，在人属心。水火有形而无质。天三生木，地四生金，则有形有质矣。天五生土，水火势均者不相下。

言以火胜水者，以火之多于水者言之耳。彼以柔进，忽变而为刚者，是水之所生之木也。木，阳质也。即水中之阳性，因滋以成质者也。水与木本自一串，故柔变刚最易。以其形与质皆属阳也。

上言以火克水，盖以火能生土，土能生金。火外明而内暗，阴性也。金，阴所成之质也。木在人属肝，金在人属肺。天下能克木者惟金，金与火皆阴类也。所言以刚克柔者，是以火克水，以金克木也，是以其外者言之。火性激烈，金质坚硬，心火一起，脾气动也。怒气发泄于外，有声可听，金为之也。脾气动，则我之肝与肾无不与之俱动。虽曰以刚克柔，其原实是以柔克刚。盖彼先柔而后刚，我是柔中寓刚，内文明而外柔顺，故克之。

若彼先以刚来，则制之又觉易。易何言之？如人来击我，其势甚猛，我则不与之硬顶，将肱与身与步一顺，身卸下步，手落彼之旁面，让过彼之风头。彼之锐气直往前冲，不顾左右，且彼向前之气力陡然转之左右，甚不容易，我则从旁击之。以我之顺力，击彼之横而无力，易乎不易？吾故曰："克刚易，克柔难。"

十、《太极象图》

太极者，生于无极也。谓太极已有形声乎？曰：未有也。未有不曰"无极"而曰"太极"，何也？然太极虽无形声，而几朕已兆，如硕果之仁，生机将动未动，特生机未足，而未出乎核之外耳。不然，天地何自而生乎？是大混沌后，阴阳虽未分，而分之机已动，一至于分，则清气上升而为天，浊气下降而为地。但此时清气犹未上升，浊气犹未下降耳，故谓之为太极。是前人上推阴阳五行之机，未生天地，无可名称，名之曰"太极"，而要阴阳五行已俱备矣。打拳上场后，手足虽未运动，而端然恭正之中，其阴阳开合之机，消息盈虚之数已俱寓于心腹之内。此时一志凝神，专注于敬，而阴阳开合，消息盈虚特未之形耳。时无可名，亦名之曰"太极"。言此以示学者，初上场时先洗心涤虑，去其妄念，平心静气，以待其动，如此而后可以学拳。

总论　纯阴无阳是软手，纯阳无阴是硬手，一阴九阳根头棍，二阴八阳是散手，三阴七阳犹觉硬，四阴六阳显好手，惟有五阴并五阳，阴阳无偏称妙手，妙手一着一太极，空空迹化归乌有。

每一势拳，往往数千言不能罄其妙，一经现身说法，甚觉容易。所难者功夫，所尤难者长久功夫。谚有曰：拳打万遍，神理自现。

第六节　《杨澄甫武学辑注》节选

一、《大小太极解》

天地为一大太极，人身为一小太极。人身为太极之体，不可不练太极之拳。本有之灵而重修之，良有以也。人身如机器，久不磨而生锈，生锈而气血滞，多生流弊。故人欲锻炼身体者，必先练太极最相宜。太极练法，以心行气，不用浊力，纯任自然。筋骨鲜折曲之苦，皮肤无蹉磨之劳。不用力何能有力？盖太极练功，沉肩坠肘，气沉丹田，气能入丹田，为气总机关，由此分运四体百骸，以气周流全身，意到气至，练到此地位，其力不可限量矣！此不用浊力，纯以神行，功效著矣！先师云："极柔软，然后极坚刚。"盖此意也。

二、《太极阴阳颠倒解》

阳：乾、天、日、火、离、放、出、发、对、开、臣、肉、用、气、身、武、立命、方、呼、上、进、隅；

阴：坤、地、月、水、坎、卷、入、蓄、待、合、君、骨、体、理、心、文、尽性、圆、吸、下、退、正。

盖颠倒之理，"水""火"二字详之，则可明。如：火炎上，水润下者，水能使火在下而用。水在上，则为颠倒。然非有法治之则不得矣！

譬如：水入鼎内，而置火之上，鼎中之水，得火以燃之，不但水不能下润，藉火气，水必有温时。火虽炎上，得鼎以隔之，是为有极之地，不使炎上，炎火无止息；亦不使润下水永渗漏。此所谓水火既济之理也，颠倒之理也。

若使任其火炎上，来水润下，必至水火分为二，则为水来济也。

故云：分而为二，合之为一之理也。故云：一而二、二而一，总斯理为三，天、地、人也。

明此阴阳颠倒之理，则可与言道；知道不可须臾离，则可与言人；能以人弘道，知道不远人，则可与言天地同体。上天，下地，人在其中矣。

苟能参天察地，与日月合其明，与五岳、四渎华朽，与四时之错行，与草木并枯荣，明鬼神之吉凶，知人事之兴衰，则可言乾坤为一大天地，人为一小天地也。

天如人之身心，致知格物于天地之知能，则可言人之良知、良能。若思不失固有，其功用浩然正气，直养无害，攸久无疆矣。

所谓人身生成一小天地者，天也、性也、地也、命也、人也、虚灵也、神也。若不明之者，乌能配天地为三乎？然非尽性立命，穷神达化之功，胡为乎来哉！

三、《太极分文武三成解》

盖言道者，非自修身无由得也。然又分为三乘之修法。乘者，成也。上乘，即大成也；下乘，即小成也；中乘，即诚之者成也。法分三修，成功一也。

文修于内，武修于外。体育内也，武事外也。其修法内外、表里成功集大成，即上乘也。由体育之文而得武事之武，或由武事之武而得体育之文，即中乘也。若唯独知体育之不知武事而成，或专武事不为体育而成者，即小乘也。

四、《太极轻重浮沉解》

双重为病，干于填实，与沉不同也。双沉不为病，自尔腾虚，与重不一也。

双浮为病，只如漂渺，与轻不例也。双轻不为病，天然清灵，与浮不等也。

半轻半重不为病，偏轻偏重为病。半者，半有着落也，所以不为病。

偏者，偏无着落也，所以为病。偏无着落，必失方圆；半有着落，岂出方圆？

半浮半沉为病，失于不及也；偏浮偏沉失于太过也。

半重偏重，滞而不正也；半轻偏轻，灵而不圆也。

半沉偏沉，虚而不正也；半浮偏浮，茫而不圆也。

夫双轻不近于浮，则为轻灵；双沉不近于重，则为离虚，故曰：上手。轻重半有着落，则为平手。除此三者之外，皆为病手。

盖内之虚灵不昧，能治于外之清明，流行乎肢体也。若不穷研轻重、浮沉之手，徒劳掘井不及泉之叹耳！

然有方圆四正之手，表里精粗无不到，则已极大成，又何云四隅出方圆矣！所谓方而圆、圆而方，超乎象外，得其寰中之上手也。

五、《太极血气根本解》

血为营，气为卫。血流行于肉、膜、胳，气流行于骨、筋、脉。筋为骨之余，发、毛为血之余。血旺则发、毛盛，气足则筋壮。故血气之勇力，出于骨、毛、皮之外壮；气血之体用，出于肉、筋之内壮。气以血之盈虚，血以气之消长。消长盈虚，周而复始，终身用之不能尽者矣！

第七节　《孙禄堂武学集注》节选

一、《太极拳学序》

太极拳学，王宗岳论之精矣。其术以柔曲为体，以刚直为用。盖巨力之至，非柔曲不能化之灵；彼力既化，非刚直不能放之远，故曰：曲中求直，蓄而后发。练习此术，在气沉丹田，纯以神行，不尚后天之拙力。而御敌制胜，如行所无事，虽甚巧而有至道存焉。《老子》曰：“为欲取之，必固与之。”原谱所谓“左重则左虚，右重则右杳”，即人取我与之意也。《庄子》曰："得其环中，以应无穷。"原谱所谓"气如车轮，行气如九曲珠"，即得其环中之意也。故其术专气致柔，盖合于道家，非数十年功力不能用之精纯而皆宜。禄堂先生作《太极拳学》成，命为序文，曾则于斯术未窥门径，略赘数言，不知其有当否也。

二、《自序》

乾坤肇造，元气流行，动静分合，遂生万物，是为后天而有象。先天元气，赋于后天形质；后天形质，包含先天元气，故人为先后天合一之形体也。人自有知识情欲，阴阳参差，先天元气渐消，后天之气渐长。阳衰阴盛，又为六气所侵（六气者，即风、寒、暑、湿、燥、火也），七情所感。故身躯日弱，而百病迭生。古人忧之，于是尝药以祛其病，静坐以养其心，而又惧动静之不能互为用也，更发明拳术，以求复其虚灵之气。……故以顺逆阴阳之理，弥纶先天之元气，作《易筋》《洗髓》二经，教人习之，以壮其体。至宋岳武穆王，益发明二经之体义，制成形意拳而适其用，八卦拳之理，亦含其中，此内家拳术之发源也。

修丹之士兼练拳术者，后天之力用之过当，不能得其中和之气，以致伤丹，而损元气。故遵前二经之义，用周子《太极图》之形，取河洛之理，先后易之数，顺其理之自然，作太极拳术，阐明养身之妙。此拳在假后天之形，不用后天之力，一动一静，纯任自然，不尚血气，意在炼气化神耳。其中本一理、二气、三才、四象、五行、六合、七星、八卦、九宫等奥义，始于一，终于九,九又还于一之数也。一理者，即太极拳术起点腹内中和之气，太极是也；二气者，身体一动一静之式，两仪是也；三才者，头、手、足，即上、中、下也；四象者，即前进、后退、左顾、右盼也；五行者，即进、退、顾、盼、定也；六合者，即精合其神，神合其气，气合其精，是内三合也；肩与胯合，肘与膝合，手与足合，是外三合也，内外如一，是成为六合；七星者，头、手、肩、肘、胯、膝、足共七拳，是七星也；八卦者，掤、捋、挤、按、採、挒、肘、靠，即八卦也；九宫者，以八手加中定，是九宫也。先生以河图洛书为之经，以八卦九宫为之纬，又以五行为之体，以七星八卦为之用，创此太极拳术。其精微奥秘，山右王宗岳先生，论之详矣。自是而后，源远派分，各随己意而变其形式，至前清道、咸年间，有广平武禹襄先生，闻豫省怀庆府赵堡镇，有陈清平先生者，精于是技，不惮远道，亲往访焉，遂从学数月，而得其条理。后传亦畲先生。亦畲先生，又作五字诀，传郝为真先生。先生以数十年之研究，深得其拳之奥妙。余受教于为真先生，朝夕习练，数年之久，略明拳中大概之理。又深思体验，将夙昔所练之形意拳、八卦拳与太极拳，三家会合而为一体，一体又分为三派之形式，三派之姿式虽不同，其理则一也。惟前人只凭口授，无有专书，偶著论说，亦无实练入手之法。余自维浅陋，不揣冒昧，将形意拳、八卦拳、太极拳，三派各编辑成书，书中各式之图，均有电照本像，又加以图解，庶有志于此者，可按图摹仿，实力作去，久之不难得拳中之妙用。书中皆述诸先生之实理，并无文法可观。其间有舛错不合者，尚祈海内明达，随时指示为感。

三、《太极拳之名称》

人自赋性含生以后，本藏有养生之元气，不仰不俯，不偏不倚，和而不流，至善至极，是为真阳，所谓中和之气是也。其气平时洋溢于四体之中，浸润于百骸之内，无处不有，无时不然，内外一气，流行不息，于是拳之开合动静，即根此气而生；放伸收缩之妙，即由此气而出。开者为伸、为动；合者为收、为缩、为静；开者为阳，合者为阴；放伸动者为阳，收缩静者为阴。开合像一气运阴阳，即太极一气也。太极即一气，一气即太极。以体言，则为太极；以用言，则为一气。时阳则阳，时阴则阴，时上则上，时下则下。阳而阴，阴而阳。一气活活泼泼，有无不立，开合自然，皆在当中一点子运用，即太极是也。……学者能于开合动静相交处，悟澈本原，则可以在各式圜研相合之中，得其妙用矣。圜者，有形之虚圈○是也；研者，无形之实圈●是也。斯二者，太极拳虚实之理也。其式之内，空而不空，不空而空矣。此气周流无碍，圆活无方，不凹不凸，放之则弥六合，卷之则退藏于密，其变无穷，用之不竭，皆实学也。此太极拳之所以名也。

四、《无极学》

无极者，当人未练拳术之初，心无所思，意无所动，目无所视，手足无舞蹈，身体无动作，阴阳未判，清浊未分，混混噩噩，一气浑然者也。夫人生于天地之间，秉阴阳之性，本有浑然之元气，但为物欲所蔽，于是拙气拙力生焉，加以内不知修，外不知养，以致阴阳不合，内外不一，阳尽生阴，阴极必敝，亦是人之无可如何者。惟至人有逆运之道，转乾坤，扭气机，能以后天返先天，化其拙气拙力，引火归原，气贯丹田，于是有拳术十三势之作用，研求一气伸缩之道，所谓无极而能生太极者是也（一气即太极也）。十三势者，掤、捋、挤、按、採、挒、肘、靠、进、退、顾、盼、定也。掤、捋、挤、按（即坎、离、震、兑），四正方也。採、挒、肘、靠（即乾、坤、艮、巽），四斜角也，亦即八卦之理也。进步、退步、左顾、右盼、中定也（即金、木、水、火、土也），此五行也。合上述之四正四斜为十三势，此太极拳十三势之所由名也。

其中分为体用，以太极架子进、退、顾、盼、定言，谓之体；以掤、捋、挤、按、採、挒、肘、靠言，谓之用。又或以五行谓之经，八卦谓之纬。总而言之，曰内外体用一气而已。以练架子，为知己功夫；以二人推手，为知人功夫。练架子时，内中精、气、神，贵能全体圆满无亏。操练手法时，手足动作，要在周身灵活不滞。先达云：终朝每日长缠手，功久可以知彼知己，能制人而不为人所制矣。

无极学图解 面向正方，身子直立，两手下垂，两肩不可往下用力，下垂要自然，两足为九十度之形式。两足尖亦不可用力抓扣，两足后根亦不用力蹬扭，身子如同立在沙漠之地。手足亦无往来动作之节制，身心未知开合顶劲之灵活，但顺其自然之性，流行不已。心中空空洞洞，内无所思，外无所视，伸缩往来，进退动作，皆无征兆。

五、太极学

太极者，在于无极之中，先求一至中和至虚灵之极点，其气之隐于内也，则为德；其气之现于外也，则为道。内外一气之流行，可以位天地，孕阴阳，故拳术之内劲，实为人身之基础。在天曰命，在人曰性，在物曰理，在技曰内家拳术，名称虽殊，其理则一，故名之曰太极。古人云："无极而太极。"不独拳术为然，推而及于圣贤之所谓执中，佛家之所谓圆觉，道家之所谓谷神，名词虽殊，要皆此气之流行已耳。故内家拳术，实与道家相表里，岂仅健身体、延年寿而已哉!

太极学图解　两手下垂，两肩松开，右足尖向里扭直，与左足成为四十五度之形式。头与右足向里扭时，同时亦向左边扭转，两眼向斜角看去。将心稳住，气往下沉。腰用意塌住，要自然，不可用拙力塌劲，头扭之时，要与心意、丹田、上下内外，如同一气旋转之意。舌顶上腭，谷道上提。如此则谓之转乾坤、扭气机，逆运先天真一之气，此气名之曰太极。先哲云:“太极即一气，一气即太极。”观此，则圣贤仙佛以及内家拳术，无不当有其极，无不当保其极，更应无所不用其极，不然而欲修至身体轻灵，内外一气，与太虚同体难矣。

第二篇　基本功篇

本篇的基本功只是针对本套路体系中对身体结构部位划分和对套路中“手眼身法步”的精确要求，以及包含基本的运动规律训练。

众多练习者在太极拳领域磨炼多年，却仍未能掌握其要领与神韵，其根本原因在于忽视了对基本功的持续性练习。由于基本功的相对简单性，练习者在主观上往往感到枯燥乏味，导致难以持之以恒，或中途放弃，未能充分认识到基本功中运动规律训练对于套路身法掌握的重要性。只有扎实掌握基本功，才能深刻理解武术身法的要领，准确把握每个招式中“手眼身法步”的空间定位以及气息与力量的运用，从而在演练中充分展现武术体系的独特风格、内涵及神韵。

第一章　身体部位的划分

在太极拳基本功体系中以周身整体关节运动链概念来对身体进行划分并对各部做要求，这样更加便于练习者清晰理解、掌握身体的部位划分及动作要领。

第一节　头　　部

一、头

头为一身之主，大脑为身体运动的指挥中枢，关乎着身体各部位的运动支配以及心理活动调节。在练习过程中，头部大脑神经中枢要求放松，始终专注于对身体的感觉、支配与协调。

在身体运动过程中，头部的位置状态会影响身法的中正。运动中，头要自然正，不可前俯后仰、左歪右斜（除基本功个别训练外），唇齿微合，下颚微微内收，头顶百会穴虚虚领起。大脑内存一团祥和之气，既安静又虚清。

二、颈项

脖子前为颈，后为项。颈项韧带、肌肉都要自然舒张，不可萎塌，亦不可紧张，只需自然伸张。项部始终往后有靠衣领之意，配合百会向上虚虚领起，保证头部的中正与安舒。

第二节　整体关节运动链

躯干与四肢在头的指引下组合运动，整体可划分为三个组合：上盘关节运动链、中盘关节运动链、下盘关节运动链。三个运动链之间既相对独立又整体统一。

一、上盘关节运动链

太极拳运动中上盘关节运动链由肩关节、上臂、肘关节、前臂、腕关节、掌指关节、指骨间关节等组成。

广义的肩关节是由胸锁关节、肩锁关节、肩胛骨、盂肱关节、肱骨近端以及肩胛胸壁关节共同组成的复杂结构，其中以盂肱关节和肩胛骨运动为主。

盂肱关节是一个活动度很大的关节，它的运动可发生在三个自由度上：前屈与后伸、外展与内收、内旋与外旋。盂肱关节前屈与后伸被定义在肱骨的矢状面围绕内 - 外轴的旋转，内收则是发生在相反的方向上。

上臂的外展与前屈运动由肩肱关节和肩胛胸壁关节共同完成，肩关节的外展则集中在肩胛骨的平面运动中。肩关节是上盘关节运动链的根部，不可偏移，始终要有下沉之意，意与髋关节相合，完成这一要点在上臂。

肘是上盘关节运动链的关键，肘关节被动运动的最大范围一般为过度伸展时的 5° 至屈曲时的 145°，但在日常生活中仅用了 30° ～ 130° 的运动弧度，称功能弧度。在太极拳运动中，无论肘关节在什么高度，其肘尖也始终要有下坠之意，与膝关节相合。

运动中前臂的旋转需要上下尺桡关节同时运动。前臂旋转的中立位置是拇指朝上，前臂前旋的角度约为 75°，后旋角度约为 85°。但在日常生活中，需要旋转的角度最大需要 100°，前臂旋转的角度缺失则由肩关节来进行弥补或代偿。

腕关节与掌指关节、指骨间关节用来完成拳、掌、勾的手型和手法以及劲法的完成。

二、中盘关节运动链

中盘关节运动链包括胸部关节、脊柱，参与辅助的还有背部、腰部与腹部的肌肉群。

胸部关节的内收，可使胸气下沉至丹田，心胸部轻松、虚静、安逸。

太极拳以脊柱行拳，气力皆贴脊背输布，下传重力，上行劲力。行拳时脊柱以命门为中心，百会穴领起，尾闾下坠，形成上提下坠的对拉拔长，使脊柱在运动中由生理弯曲而成一条直线，丹田带动腰腹背的肌肉运动促使脊柱做左右旋转和上下相对的折叠运动。某些动作中要求躯干俯仰或侧身，脊柱也始终保持成直线。

在太极拳运动中，中盘关节运动链与下盘关节运动链的分界点是骨盆髂嵴的最上沿，即腰。躯干中上部位及上盘关节运动的支配力量由腰部关节的综合运动输送而来，腰间关节部位为周身力量的枢纽。腰部诸椎关节可以做前屈后伸、左右侧弯及水平面的旋转运动，三种运动方式通常综合运动而产生环转运动。其中腰椎 L4 ～ 5、L5 ～ S1 节段承载最大，运动幅度也最大，是中盘关节运动链的关键点。

三、下盘关节运动链

下盘关节运动链由骨盆、髋关节、大腿、膝关节、小腿、踝关节、足部关节（跗骨间关节、跗跖关节、跖骨间关节、跖趾关节、足趾间关节等）等组成。

下盘关节运动链各部位要点前文第一章中已有阐释，此处不再复述。

胯即髋关节部的俗称，髋关节周围的筋经、韧带、肌肉要完全松开，让两腿自然伸展，既张开又相合。骨盆与两腿组合称为裆，髋关节松开内收，身体后坐中正，裆要圆活。胯是下盘关节运动链的关键，也是整体关节运动链的关键，它保障着周身的稳定，也是劲力虚实间转换的关键。

掌握了太极拳运动对身体的部位划分与要求，就能在运动中正确地协调和控制身法，以最小的能量消耗产生最大的力量，同时能以巧妙的关节运动链力学结构化解外力荷载。

第二章　手眼身法步

在不同的武术体系中，对手眼身法步的要求各有差异。每一类别的武术体系均拥有其特定的基本要求，这些要求构成了该体系动作的规范与风格。通过观察运动过程中手眼身法步的肢体表现，可以轻易地辨识出该武术体系的属性与内涵。

第一节　手

手是指手型及手法，在太极拳运动中出现的手型主要有拳、掌、勾、刁。

一、手型

拳　小指、无名指、中指、食指向掌心卷曲，指尖触及掌心，拇指随后亦向掌心收拢，拇指远节指骨内侧靠在食指和中指的中节指骨背侧。

握拳的掌心为拳心；掌背为拳背；小指、无名指、中指、食指的近节指骨为拳面；食指蜷缩与拇指蜷缩形成的圈为拳眼；小拇指蜷缩形成的圈为拳轮。

在太极拳运动中，拳要虚握，五指轻轻扣合蜷缩为拳即可，不可用力蜷缩握紧，五指间也不可漏光。太极拳运动中的拳仅在发力着人时才握紧。

掌　太极拳运动中的掌为瓦楞掌，即手掌下垂贴在大腿上的状态。五指自然伸直展开，四指并拢，虎口展开撑圆，拇指与小指有相合之意，掌心微微凹形，此为太极拳的标准掌形。

在很多太极拳套路表演中，很多人把五指张开（荷叶掌），甚至做出其他的掌形，均为个人喜好。

勾 五指指尖聚拢并齐，手腕放松指尖下悬为勾手。五指尖聚拢从外至内分三层依次叠合，从手背方向开始，外层是无名指尖和中指尖，中间层是小指尖和食指尖，内层是拇指尖，此为勾手。

单鞭一势中出现勾手手型。从健身方面而言，勾手的五指尖可不做武术动作严格要求，只将五指尖聚合到一起就可以，无须叠合，手腕领劲，勾手自然下垂即可。

刁 标准掌形时小拇指侧向尺骨侧运动，小指与尺骨外侧有相合之意，此为刁手。

剑指 小指和无名指向掌心卷曲，拇指按在无名指和小指中节指背，食指与中指并拢伸直，称为剑指，该手型仅在套路“射雁式”中出现过一次。

二、手法

直拳 标准拳形时，拳面向前，拳背向上与小臂成一条直线，旋转打出后一般与肩、胸同高，称为直拳。陈式太极拳中的“掩手肱拳”一势中为直拳。

立拳 标准拳形时，拳眼向上，拳面向前，拳背与小臂成一条直线，旋转打出后一般与肩、胸同高，称为立拳。杨式太极拳中的“搬拦捶”一势中之捶为立拳。

横拳 标准拳形时，拳心向上，拳背向下与小臂成一条直线，有横向发力之意。如“搬拦捶”中的“搬”式，即为横拳。

撩拳 标准拳形时，拳眼向上，拳面向前，由下向上打出，称为撩拳。

栽拳 标准拳形时，拳眼向上，拳面向前，由上斜向下打出，称为栽拳。

砸拳 标准拳形时，拳由上垂直向下打出，称为砸拳。砸拳时多变化，拳心朝向根据招式而定。

立掌 标准掌形时，掌指背向小臂外侧靠拢，掌指背与小臂几成 90°，指尖向上，称为立掌。立掌力在掌根，腕关节有下坐之意。

直掌　标准掌形时，手掌与小臂成一条直线，称为直掌。

穿掌　标准掌形时，以中指尖领劲顺小臂直线向前的运动，称为穿掌。

挑掌　标准掌形时，以食指领劲向上兼横向运动，称为挑掌。

撩掌　标准掌形时，手心或手背由下向上打出，称为撩掌。

俯掌　标准掌形时，掌心朝下为俯掌。

仰掌　标准掌形时，掌心朝上为仰掌。

第二节　眼

太极拳运动中眼睛目视前方，虽外视但神不外泄，耳听后方。眼要自然睁开，威而不猛，敛而无失，表现出自然、沉着、机敏、含蓄。行拳时眼虽看主手，但余光要观六路：前后左右上下，眼珠随着头部的转动基本保持平视而中正，不会出现斜视、上翻等情况。

第三节　身

此处的身是指头与躯干。

头要自然正，始终保持虚领顶劲，运动中随身而转。

躯干自然挺直，含胸塌腰，松腰松背松腹。即使在一些俯身或侧身的身法中，头与躯干也要保持一条线，不可弓腰翘臀，做到脊柱的对拉拔长。

关于身法，可参阅前面篇章中的相关阐述，如《十大要论》等。

第四节 法

法即劲法，为武术运动体系中对力量的应用。

太极拳运动有“八门劲法”之称：掤、捋、挤、按、採、挒、肘、靠。有拳谚论：“掤劲如水负行舟。先贯丹田气，次要顶头悬，全体弹簧力，开合一定间。任有千斤重，飘浮亦不难。捋劲乃引导使之前。顺其来时力，轻灵不丢顶，力尽自然空。丢击任自然，重心自维持，莫被他人乘。挤劲用时有两方。直接单纯意，迎合一动中，间接反应力，如球撞壁还。又如钱投鼓，跃然声铿锵。按劲运用似水行。柔中寓刚强，急流势难当。遇高则澎满，逢洼向下潜。波浪有起伏，有孔无不入。採劲如权之引衡。任你力巨细，权后知轻重。转移抵四两，千斤亦可平。若问理何在？斡捍之作用。挒劲用则旋转若飞轮。投物于其上，脱然掷丈寻。君不见漩涡，卷浪若螺纹。落叶堕其上，倏尔便沉沦。肘劲方法有五行。阴阳分上下，虚实须辨清。连环势莫挡，开花捶更凶。六劲融通后，运用始无穷。靠劲其法分肩背。斜飞势用肩，肩中还有背。一旦得机势，轰然如捣碓。仔细维重心，失中徒无功。”

“掤在两臂”是利用上盘关节运动链使两臂挡在身前向外的撑张力，撑而不推；“捋在掌中”是利用腰部的旋转力量带动两掌顺劲牵动对方；“挤在手背”是在对方捋劲时顺势用手臂贴着对方横向滚动牵引；“按在腰攻”是借助腰劲，以手掌敷在对方肢体上向下方发力；“採在十指”是利用两手抓握对方肢体突然向地面方向牵引，意在将对方摔向地面；“挒在两肱”是利用了下盘关节运动链和上盘关节运动链之间相向或相反的合劲，给对方产生一个剪切力，破坏对方的关节结构或身体重心的稳定；“肘在屈使”利用了上盘关节运动链中的肘关节，以肘尖部位攻击对方；“靠在肩胸”是以腰间关节的环转和脊柱相对运动以肩关节中的肩峰部分攻击对方。

太极拳“八门劲”外形看似是由上盘关节链来完成的，实则是应用周身一体的关节运动链力学结构来完成的动作。

第五节　步

步含步型及步法。

一、步型

弓步　一腿向前迈大步为前腿，前腿脚尖朝前与鼻尖前方同向，身体端正随之下坐，前大腿几乎与地面水平，小腿与地面呈垂直略向前倾，膝盖不超过脚尖；另一腿为后腿斜向前伸直支撑身体，直而不直，曲而不曲。后脚与前脚内夹角在 40° ～ 45° ，两脚外侧之间的横向距离不超过肩宽，裆部自然撑开时又有相合之意，称为弓步。前为左腿时称左弓步，前为右腿时称右弓步。

太极拳运动中又分正弓步和侧弓步，正弓步即上文所述弓步（前后弓），侧弓步是左右横开的弓步。侧弓步时，两腿横向开大步，两脚尖同时朝前在一条直线上，实腿松胯屈膝后坐承受身体重心及重力，大腿与地平面平行略高；虚腿伸直斜撑身体，直而不直，曲而不曲，脚尖略内扣。重心在左腿时称左侧弓步，重心在右腿时称右侧弓步。

陈式太极拳多用侧弓步，如“懒扎衣”“单鞭”；杨式太极拳多用正弓步，如“搂膝拗步”“野马分鬃”。

马步　两腿横开步为一直线，两脚横向距离比肩略宽，松胯屈膝往后坐，重心在两腿中间，即两脚同时承受重心，前后重心在后脚跟，称为马步。太极拳运动中极少用马步，只在基本功之桩功、起势的步型时，其他动作不采用马步是因太极拳运动中要求两腿有虚实之分。

虚步　身体重心在一条腿上，稳定后为实腿；另一条腿的前脚掌或脚跟轻轻着地不承载身体重心为虚腿，称为虚步。左腿为虚时称左虚步，右腿为虚时称右虚步。陈式太极拳的“六封四闭”“高探马”，杨式太极拳的“手挥琵琶”“如封似闭”定势均为虚步。

仆步　两腿左右横向拉开大步，身体后坐完全下蹲，一实腿承载身体重心及重力，虚腿则横向伸直，腿内侧贴向地面，脚尖内扣回勾，两脚掌均贴地落实，称为仆步。左腿伸直称为左仆步，右腿伸直称为右仆步。

歇步 两腿交叉靠拢后完全下蹲，前脚着地脚尖外摆踏实，后脚掌着地脚尖向前，脚后跟立起，臀部可轻轻坐于后脚跟，身体重心在后脚，身躯中正，称为歇步。左腿在前时称左歇步，右腿在前时称右歇步。陈式太极拳的“左右擦脚”和杨式太极长拳的“盘肘指裆捶”均有歇步。

独立步 一实腿承载身体重心，另一腿由髋关节将膝关节提起离地，小腿、脚尖自然下垂，称为独立步。左腿为实腿称左独立步，右腿为实腿称右独立步。独立步时，身躯后坐仍要保持中正。

丁步 一实腿支撑体重，脚掌踏实，脚尖同鼻尖一个方向；另一虚腿脚跟提起置于实腿的脚弓处，脚尖着地；两腿弯曲呈一定的角度和姿势，称为丁步。左腿为虚时称左丁步，右腿为虚时称右丁步。

二、步法

进步 向身体正前方上步称为进步。太极拳运动中前后步或左右步时，移动的虚腿一般先收贴至实腿的踝关节处后再向前上步。

跟步 前后步时，后脚向前上半步，落在前脚跟后面，称为跟步。

撤步 虚腿向后退步称为撤步。太极拳运动中一般后撤时，都先收回至实腿脚踝内侧稍做调整后撤步。撤步时大多数是移动的脚掌先着地，少数脚后跟着地，撤步的后脚一般与前脚横向间有一定距离。陈式太极拳的“倒卷肱”和杨式太极拳的“倒撵猴”有撤步。

横开 虚腿左、右横向开步，称为横开。横开时移动腿的脚后跟着地，脚尖有回勾之意，偶尔也会出现前脚掌落地的情况。陈式太极拳的“懒扎衣”“单鞭”和杨式太极拳的“云手”为横开。

盖步 移动的虚腿在实腿前方横向越过开步，有掩盖后腿之意，称为盖步。

叉步 移动的腿从实腿后方横向越过开步，两腿交叉，称为叉步，又称偷步。

并步 虚腿横向收至实腿脚踝处，或将大开步横收为比肩略窄的小步，称为并步。“云手”时收步法为并步。

垫步 虚腿向前微微上不到半步距离，实腿在后，称为垫步。

越步 后面的腿超过前面的腿向前上步，称为越步。

武术中对躯体及四肢的要求很多，这里只列举太极拳运动中所涉及的内容。只有熟练掌握太极拳运动中“手眼身法步”之基本要求，在练习本套路时才能轻松理解后面的套路动作解析说明，动作趋于规范，劲法的误差才会越来越小。

第三章 基本功法

基本功法有桩功法和缠丝功法两部分构成。

桩功法由热身功和桩功两部分构成。在体育运动中，热身活动作为预先准备至关重要，其能够显著降低运动损伤的风险，并确保肢体动作维持在良好的伸展状态。特别是在剧烈运动前以及在低温环境下，适度的热身活动能够促进代谢，产生热能，提升身体核心温度以及肌肉和韧带的温度，从而增强肌肉的活力及韧带的弹性和力量。

太极拳运动的预备功法不仅具备活动筋骨、促进气血流通的功能，还能够增进筋经与韧带的力量，使其变得更加宽阔和厚实，从而提高其延展性和韧性。此外，该功法亦有助于拓展关节的活动范围，并增进全身关节运动链之间的协调性与配合度。

预备功法特别针对身体主要关节进行活动，包括颈椎、腰椎、肩关节、肘关节、腕关节、髋关节、膝关节及踝关节。太极拳运动中的放松性训练能积极促进这些大关节部位的健康管理和康复，如促进局部代谢、辅助小关节复位、矫正脊柱、缓解关节疼痛等。

第一节 桩 功 法

太极拳桩功法的精要热身功包括预备式、颈部缠丝、腿部缠丝、抻筋、云腰、云胯。

一、预备式

预备式分 7 个节拍，下面详细分解动作。

预备身法：身体自然站立，分脚开步与肩同宽，两臂自然下垂；平心静气，气入丹田；头正颈松，目视前方，耳听后方，唇齿微合，舌贴上颚，下颌微收；脚掌踏实，保持 30 秒时长安神静气。

（1）躯干以腰为轴微微前倾，两臂自然展开在腹前交叉，掌心向前，然后两臂向上缓缓抬起过头顶时，两臂向身体两侧分开后继续画弧向下运动于腹前继续交叉划一大圆圈，如此向上打开 9 次，至第 9 次两臂在上打开时，两臂与头部正中线夹角呈 45° ，指尖向上，掌心向各侧，头向后自然松落，身法保持不动，时长为深呼吸 3 次。

（2）两臂缓缓落于肩平，两掌坐腕立掌，掌根各自向身侧用意识无限延长，同时头回正；两臂由两掌领劲向身后水平方向展开，两掌在背后有相合之意，肩胛骨夹脊，沉肩坠肘。身法保持不动，时长为深呼吸 3 次。

（3）两臂水平回正到身体两侧，腰部带动躯干、头部向左转，转到自身关节运动极限；同时右臂向上（外旋）、左臂向下（内旋），右臂向上伸置于右耳旁，左臂下展置于左腿外侧；身法保持不动，时长为深呼吸 3 次；身体向右转到自身关节运动极限，同时左臂向上（外旋）、右臂向下（内旋），左臂置于左耳，右臂置于右腿外侧；身法保持不动，时长为深呼吸 3 次。掌心均向后。

（4）身体回正，右臂缓缓向上找左手，两手相逢时，两掌翻转掌心向上，两臂伸展自然立于耳朵两侧，两掌指尖相对；后脚跟缓缓离地，提至自己身体素质的最高极限，以前脚掌落地踏稳来支撑身体并保持平衡；当脚底力量传导到手掌时，再将全身的肌肉放松，以筋骨相合来保持身体的姿态。身法保持不动，时长为深呼吸 3 次。

（5）脚掌轻轻全部落地踏实，两臂落于肩平；以腰为轴，向前向下俯身至自身关节的最大极限，同时两臂内旋于背后相合，并以两掌心向上撑起，指尖相对；头向上翘起。身法保持不动，时长为深呼吸 3 次。

（6）两掌翻转各按在左右腰部，两掌从后背向下摩运两腿至后脚跟后，将两掌按于两脚脚面。身法保持不动，时长为深呼吸 3 次。

（7）两臂交叉抱两肩头，然后慢慢从尾椎开始，脊柱由下至上一节一节起立，将身体直立，同时两臂向两侧缓缓展开，身体直立时，两臂展开与两肩平。两臂屈肘指尖相对，肩、肘、手下按至胯旁，两掌再放松下垂，掌心贴合大腿两侧，回到最初的自然站立状态。身法保持不动，时长为深呼吸 3 次。

预备式以中医经络、藏象为指导，除活动颈、肩、腰部关节以外，还通过肢体的动作来导引五脏六腑之间气机的开始流行运转。

二、颈部缠丝

在分脚开半步自然站立下，通过腰胯的前后左右旋转带动脊柱前后左右发生轻微的倾斜导致头部在颈部肌肉、韧带的完全放松下自由摆动。胯向后时头向前垂落，胯向左时头向右垂落，胯向前时头向后垂落，胯向右时头向左垂落，如此旋转一圈。顺时针 26 圈，逆时针 26 圈。此功法主要是锻炼脊柱的整体松活及以颈椎为重点的关节活动范围。

要点：保持颈部肌肉、韧带始终完全放松，头部随着腰胯的转动而自由摆动；速度要慢，能感受到颈部肌肉的拉伸。头晕时，可稍作停止调整。

本式作为日常保养、康复练习，能有效地对颈椎、腰椎进行健康管理，每日坚持数次必有功效，但颈椎、腰椎症状严重病者不要练习，或在专业人员指导下练习。

三、腿部缠丝

分脚横开大步，脚尖朝前，松胯屈膝后坐，两手掌虎口向上叉腰，身躯中正。将身体重心移动至右腿，然后蹬右脚将身体重心移动至右后、左后。此时身体重心移动至左腿，继续蹬左脚推动身体向左前、右前水平移动身体。此时重心回到右腿，为一圈。顺时针 26 圈，逆时针 26 圈。此功法主要是训练养成以脚底产生反作用力和运用反作用力在两部之间进行虚实力量转换的规律。

要点：身体移动的力量来自脚蹬地产生的反作用力；匀速移动身体重心时切记腰胯不要起伏，始终在水平面上；身躯可前后适当倾斜以保持平衡为度，但不可左歪右斜。

四、抻筋

身体立正后，左腿向前迈半步，横向与肩同宽，右腿松胯屈膝后坐，两掌叠压在左膝盖上，两臂伸直，左腿完全伸展；右腿松胯下沉带动身体向下运动，同时带动两臂至两掌按压左膝盖，按压 26 次。左脚尖向上翘起，左手向后扳左脚尖，右掌继续按压膝盖，压腿和扳脚同时做 26 次，换右腿。此功法主要是锻炼膝关节的屈曲以及整条足太阳膀胱经的拉伸与导引。

要点：身体肌肉完全放松，感觉腿部至后背部的筋经有被拉抻感；手臂下按时不能弯曲，保持伸直；韧带不够放松导致手指不能扳脚，可循序渐进。

五、云腰

身体立正后，左腿向左横一大步，马步后坐，身体重心在两腿之间，大腿水平度略高于地面水平；身躯中正，腰部左右旋转，带动两臂自由摆动，前手拍神阙，后手击命门。左右旋转为一次，26 次为度。此功法主要是感受丹田的左右转动。

要点：身躯中正，眼睛始终看正前方，头部不随身体左右转动；骨盆始终保持不动。

六、云胯

身体立正后，左腿向左横开半步与肩同宽，身体重心在两腿之间，微微松胯屈膝后坐；以左右髋关节为节点进行左右水平旋转，其他要求同云腰。左右旋转为一次，26 次为度。此功法主要是锻炼控制髋关节的运动及髋关节关联韧带强度的训练。

此热身功的目的，一是为了将人体的大关节活动开，导引气血的循环；二是为了锻炼大关节处韧带的韧性和支撑强度，为下一步的套路练习打基础。

七、桩功

桩功是中国武术训练中必不可少的一项基础训练。各门各派都有桩功训练，因运动体系的不同，桩功的身法各有不同，但目的相同，均是要从桩功中训练出该运动系统的身体力学结构，以及强健机体的筋、骨，同时训练丹田的导引吐纳。

太极拳也有太极拳桩功的身法要求。太极拳日常练习的桩功分有两类，一是混元桩，二是太极桩。混元桩是我们一般看到的两脚与肩同宽，松胯屈膝后坐，两手胸前呈抱球状。混元桩两腿之间无虚实之分，两腿同时支持身体重心、支撑重力，而两腿有虚实之分的定势身法则称为太极桩，此处仅阐述混元桩身法。太极桩因其身法多变，练习者可通过练习混元桩体会到身法结构后沿用到太极拳套路的某一势中即可。

太极拳混元桩身法：

（1）两脚外侧与肩同宽，脚尖朝前，自然直立，两臂自然下垂于身体两侧；头自然正，目视前方，耳听后方，下颌微收，唇齿微合，舌贴上颚，用鼻子自然轻轻地呼吸。

（2）立身中正，全身放松，头顶百会穴向上虚虚领起；身体前后重心在脚掌中心，左右中心在两腿之间。

（3）用意识引导身体从上至下一节一节放松，上起头顶百会穴，下至脚底涌泉穴；全身放松后，屈膝松胯后坐少许（身法高低根据自身的身体体能素质决定）。

（4）两臂向前抬起与肩平后，沉肩坠肘，掌心相对；手臂环抱胸前，五指伸开，四指并拢，虎口张开；含胸塌腰，命门撑起，保持尾闾中正；脊柱以命门为界上升下坠，对拉拔长，脊柱在此时改变生理弯曲而欲呈直线。

（5）将身体前后重心移动至后脚跟上，用腿后部筋肌韧带结合骨骼来支撑身体；通过虚领顶劲、沉肩坠肘、松腰、松腹、松胯，将上半身的拙力、浊气下降到脚底，做到上虚下实。

（6）最后是放松意识、放松肌肉、放松呼吸，用意识将身体的骨节处处张开，感觉气遍周身。丹田放松饱满，腹式呼吸要求细、匀、绵、长。身心安定以后，意识内观丹田，标准为 30 分钟。

要点：

（1）练习遵守循序渐进，根据自己的身体素质来调整时间，初期开始站可以从 10 分钟开始，慢慢坚持，逐步增加时长至半小时；如果身体条件和思想状态安定，1 小时最佳。

（2）身法不在高低，在于思想与肌肉的放松；若体能强，追求低身法时，横开步要大，超过肩宽，以保持丹田核心的舒适为度。

（3）两臂屈肘环抱可大可小，原则是腋下要打开；可高可低，原则是沉肩坠肘；两臂肘尖向前伸时超过身体前面，切记不要向前送肩。

（4）若前期无法控制思想时，可默数呼吸计数以控制思想的乱流，后面逐渐学习控制、安定思想状态，无所思、无所想，甚至可达到感知不到自己身体的状态。

太极拳桩功在前期练习中注重身法的调整，只有肢体的力学结构符合了太极拳运动体系的要求，人体的经络系统才会更加畅通，就会出现“气感”，如手掌的麻、热、刺痒，最后能感知气机在身体筋膜及经络间循环不息，日渐强壮。

第二节　缠丝功法

缠丝功法是太极拳的核心运动规律，它能快速训练周身关节运动链之间的配合，将肢体整合为一，缺乏缠丝运动形式就失去了太极拳运动的风格和内涵。

太极拳的缠丝功法在后来的各体系发展中，虽各有差异，但殊途同归，现列举几势最基本的缠丝功法以供练习参考。

一、单手正面缠丝

本势分 4 个节拍。

预备身法。身体立正时，左腿横开大步，松胯屈膝后坐，身体重心在右腿，身躯中正。左手虎口向上叉腰后自然放松，左肘尖横向与胸口合，下与左膝合；右臂在身体右侧与肩水平呈弧形展开，手掌略为直掌，位于右脚尖上方，掌心朝外，指尖向前偏左，裆部撑圆，膝盖与脚尖方向相同，髋关节完全放松。

（1）接预备式，待内气沉入丹田后以意催气来支配身体的运动。第一动，丹田向右微微转动带领身躯微微右转，随之右臂的手、肘、肩节节贯穿做外旋加弧形向下运动，至手掌与腰部同高，掌心朝前，小臂略水平。内气此时亦随身形从右掌到右肩后下沉到腰部。

（2）丹田带动腰身回正，右腿蹬地产生反作用力推动身体重心向左腿移动，同时随之右臂肩、肘、手节节贯穿继续外旋至掌心朝上，掌心移动至丹田前方 10 厘米左右。切记右腋始终要空。此时内气从腰部进入丹田。

（3）丹田带动身躯微微左转，继而带动右臂手、肘、肩内旋至掌心朝下与肩平，位置在左膝上方。此时内气从丹田穿过命门上行至脊背。

（4）丹田带动腰身回正，左腿蹬地产生反作用力推动身体重心移向右腿，随之右臂肩、肘、手节节贯穿内旋，向右展开至预备式状态。此时内气从脊背穿行肩、肘到手掌。

单手正面缠丝分左右势为一组，左右势各做 9 次，左势身法与右势相同，做镜像运动而已。

要点：腰腿部的劲力在身后，胯要保持水平移动重心，左右重心到位时的虚实一定要分明；虚腿切勿蹬直，裆部撑圆；放松后坐，勿跪膝；屈肘叉腰的手臂始终保持在身体的正侧方，手掌贴在腰间滑动，不要随身体进行左右转动。在运动中做到肩与胯合、肘与膝合、手与足合及劲力在周身关节运动链中的节节贯穿。

本势 4 个节点中，手臂的劲法都是走到了极点，或阳极，或阴极，在极点时需要用丹田带动身法进行劲法的阴阳转换，即阳极生阴、阴极生阳。这种劲法的转换被称为“换劲”，也称为“换阴阳”。缠丝功法在开始练习时可分节拍进行，但在身法娴熟以后即不可分解，乃是连绵不断、滔滔不绝、循环往复，无断续、无凸凹、无折叠，并做到匀速、匀力、匀气。

二、双手正面缠丝

本势分 4 个节拍。

预备身法同单手正面缠丝身法要求，右臂亦同单手正面缠丝右势，然后左手找右手，左手掌心朝上，指尖斜向右，两掌心之间的距离为一个小臂的长度，左掌水平面略低于右掌拇指指根。此为双手正面缠丝功法的预备式。

（1）丹田向右微微转动带领身躯向右微微转动，继而带动两臂换劲下捋按至右胯外侧。此时左掌心朝下，右掌心朝前，两掌指尖均水平斜向右。

（2）丹田向左微微转动回正腰身，继而右腿蹬地产生反作用力推动身体向左水平移动身体重心，两臂从右向左捋至两掌中心，于左膝前方停止，运动中始终保持两掌之间的距离。左掌心朝左侧，指尖向下；右掌心斜朝上，指尖向左。

（3）丹田向左微微转动身躯，继而带动两臂换劲领起至肩高；右掌心朝前，指尖向左，右臂弧形掤圆，与肩同高；左掌心朝上，指尖向左，左掌水平高度略低于右掌拇指指根，距离保持不变。

（4）丹田向右微微转动回正腰身，左腿蹬地产生反作用力推动身体重心向右水平移动，继而带动两臂从左向右水平方向捋动至预备式身法状态。

双手正面缠丝功法左右势为一组，左右各 9 次，身法要求相同，左右方向做镜像运动而已。

要点：在熟练单手缠丝功法的基础上再进行双手的练习，始终要保持两臂之间的距离，以及两掌之间的水平高度与变化。在缠丝功法的练习中，两臂运行的用力越轻越好，刚刚把手抬起来进行运动的力就够了。

三、单手并步缠丝

本势分 4 个节拍。

预备身法。身体立正，两腿并步后微后坐下蹲，重心在右腿，左脚尖点地为虚步，两脚横向半步距离，左手叉腰，右臂于身体右前方弧形展开掤圆与肩平。

（1）丹田向右微微转动带领腰身微微右转，随之右臂的手、肘、肩节节贯穿做外旋加弧形向下运动，至手掌与腰部同高，掌心朝前，小臂略水平；在手臂弧形运动下沉同时，两腿交换重心，左脚踏实，右脚尖点地虚步。

（2）左腿松胯屈膝下蹲，同时收胯提起右腿后再向右开大步，右脚跟内侧铲地滑出，丹田向左转动带领腰身回正，同时右掌运动至丹田前方。此节拍定势与单手正面缠丝功法第 2 节拍的定势相同。

（3）丹田微微左转带领身躯左转，继而带动右臂手、肘、肩内旋至掌心朝下与肩平，位置在左膝上方。与单手正面缠丝功法第 3 节拍的定势相同。

（4）丹田带动腰身回正，左腿蹬地产生反作用力推动身体重心移向右腿，随之右臂肩、肘、手节节贯穿内旋作展开状，同时收左腿为虚步并步，回到预备式状态。

单手并步缠丝功法左右势为一组，左右各 9 次，左势与右势身法要求相同，左右方向做镜像运动而已。

要点：单手正面并步缠丝为单手正面缠丝的移动练习，除下盘关节运动链不同外，其他身法要求均相同；在一节拍交换左右重心时身体不要有起伏；开步并步时身法不要高低起伏过大，动作娴熟后不要求出现高低起伏。

基本缠丝功法的练习方法有十余种之多，练习好以上三种基本功法，其他功法都能轻松掌握。把一个动作的身法细节处处分析透彻，弄明白一个身法，其他的动作就可以触类旁通地轻易理解，练习起来得心应手。

在太极拳的修炼过程中，缠丝功法的掌握是基础中的基础。缠丝功法不仅是一种身体运动技巧，更是一种深邃的内功修炼方法，它要求练习者在动作中融入细腻的螺旋力，促进身法达到内外兼修。只有当练习者能够熟练地运用缠丝劲，才能真正开始深入传统太极拳的拳法套路与器械套路的学习，使得行拳时太极思想的神韵得以逐渐彰显。这种神韵的体现，不仅能够提升练习者的身体素质，还能促进其精神层面的修养，达到身心合一的境界。当练习者能够将缠丝功法完美融合于太极拳时，达到传统太极拳所追求的“以柔克刚”“四两拨千斤”的高深境界，此时其身心健康受益将显著提升，从而使得太极拳的修炼效果事半功倍。

第三篇　杨式太极长拳套路动作解析

第一章　杨式太极长拳套路动作名称

杨式太极长拳套路共一百二十九势动作，我们依照少林拳古本、陈式太极拳古本以及杨澄甫先生的著作，对招式动作及名称一一做了考据订正。

杨式太极长拳套路全部动作名称如下：

第一势	太极起势	第二势	太极旋转
第三势	动步揽雀尾	第四势	单式云手
第五势	右搂膝拗步	第六势	右手挥琵琶
第七势	左换步拗步	第八势	左手挥琵琶
第九势	右换步搂膝	第十势	右手挥琵琶
第十一势	进步搬拦捶	第十二势	如封似闭
第十三势	簸箕势	第十四势	双托掌
第十五势	十字手	第十六势	右抱虎归山
第十七势	右肘底捶	第十八势	右通背捶
第十九势	左抱虎归山	第二十势	左肘底捶
第二十一势	左通背捶	第二十二势	猴儿顶云
第二十三势	左右搂膝打捶	第二十四势	转身右蹬脚
第二十五势	盘肘指裆捶	第二十六势	野马分鬃
第二十七势	动步揽雀尾	第二十八势	斜单鞭
第二十九势	玉女穿梭	第三十势	上步揽雀尾
第三十一势	转身野马分鬃	第三十二势	单鞭下势
第三十三势	金鸡独立	第三十四势	泰山升气
第三十五势	斜飞势	第三十六势	提手上势

第三十七势	白鹤亮翅	第三十八势	左搂膝拗步
第三十九势	海底珍珠	第四十势	扇通臂
第四十一势	撇身捶	第四十二势	进步搬拦捶
第四十三势	动步揽雀尾	第四十四势	单鞭
第四十五势	云手	第四十六势	单鞭
第四十七势	高探马	第四十八势	右分脚
第四十九势	左分脚	第五十势	转身左蹬脚
第五十一势	上步搂膝	第五十二势	上步栽捶
第五十三势	双叉手	第五十四势	转身二踢脚
第五十五势	左披身打虎	第五十六势	右披身打虎
第五十七势	左蹬脚	第五十八势	双峰贯耳
第五十九势	右蹬脚	第六十势	转身左蹬脚
第六十一势	进步双捶	第六十二势	退步搂膝
第六十三势	掤拳撩打	第六十四势	垫步按
第六十五势	掤拳撩打	第六十六势	垫步按
第六十七势	掤拳撩打	第六十八势	垫步按
第六十九势	掤拳撩打	第七十势	垫步按
第七十一势	双撩中心掌	第七十二势	窜步掌
第七十三势	猴儿顶云	第七十四势	转身反单鞭
第七十五势	叉步云手	第七十六势	反单鞭下势
第七十七势	金鸡独立	第七十八势	左泰山升气
第七十九势	左斜飞势	第八十势	左提手上势
第八十一势	左白鹤亮翅	第八十二势	右搂膝拗步
第八十三势	海底针	第八十四势	右扇通臂
第八十五势	左撇身捶	第八十六势	进步左搬拦捶
第八十七势	如封似闭	第八十八势	簸箕势
第八十九势	双托掌	第九十势	十字手
第九十一势	左抱虎归山	第九十二势	转身反单鞭

第九十三势	顺势採挒	第九十四势	壮牛饮水
第九十五势	劈面肘靠	第九十六势	野马分鬃
第九十七势	进步肩靠	第九十八势	玉女穿梭
第九十九势	顺势採挒	第一百势	投石入水
第一百零一势	劈面肘靠	第一百零二势	野马分鬃
第一百零三势	进步肩靠	第一百零四势	玉女穿梭
第一百零五势	左右风轮	第一百零六势	动步揽雀尾
第一百零七势	单鞭	第一百零八势	云手
第一百零九势	单鞭	第一百一十势	高探马
第一百一十一势	三步穿掌	第一百一十二势	单摆莲
第一百一十三势	前后打捶	第一百一十四势	手挥琵琶
第一百一十五势	射雁势	第一百一十六势	进步搬拦捶
第一百一十七势	如封似闭	第一百一十八势	三步二按
第一百一十九势	全单鞭下势	第一百二十势	上步七星脚
第一百二十一势	退步跨虎脚	第一百二十二势	转身双摆莲
第一百二十三势	弯弓射虎	第一百二十四势	上步搬拦捶
第一百二十五势	如封似闭	第一百二十六势	簸箕势
第一百二十七势	双托掌	第一百二十八势	十字手
第一百二十九势	太极合势		

杨式太极长拳整体套路可分为六段：第一段从第一势“太极起势”到第二十八势“斜单鞭”；第二段从第二十九势“玉女穿梭”到第四十四势“单鞭”；第三段从第四十五势“云手”到第七十四势“转身反单鞭”；第四段从第七十五势“叉步云手”到第九十二势“转身反单鞭”；第五段从第九十三势“顺势採挒”到第一百零七势“单鞭”；第六段从第一百零八势“云手”到第一百二十九势“太极合势”结束。

第二章　杨式太极长拳套路动作分节解析

在套路动作招式解析描述中，我们将每一个招式分解成若干个节拍动作，力求每一个节拍除了详细的文字说明外，还配有动作的方位图示。如果该节拍动作简洁，方位配图可能也会随之简化。

有关步型、步法、手型、手法等解析请参照前面基本功章节中的相关说明。

一、关于划分节拍

在对套路的学习中为便于掌握动作要点，故将一个套路招式分解为若干节拍动作，节拍的分界点一般为力量的转换点，也是为了让大家在练习中掌握力量转换的关键。在熟练掌握动作后就要忘记动作节拍的节点，需要连绵不断地完成一个完整的招式动作以及整个套路动作，避免出现身法上的断劲现象。

二、动作图示文字说明（重要）

对于每一个动作节拍都力求配一张节拍的定式图示，以供配合动作的文字解析进行参考理解。因为镜头和拍摄角度的技术原因会形成一定的视角错觉，有些动作图示中的肢体表现可能看起来与文字有出入，以文字说明为准。

图示中，以套路由面朝南起势为基准，分为 A、B、C、D 四个视角，A 表示为正视图，由南向北看；B 表示左视图，由东向西看；C 表示右视图，由西向东看；D 则表示后视图，由北向南看。

所有动作均以正视图为基准，在正视图图示标注的文字中省略掉字母 A，例如：图 25-1，是指第二十五势动作第 1 个节拍的正视图；图 25-1D，是指第二十五势动作第 1 个节拍的后视图。

有一些节拍中动作复杂的，为了便于理解掌握，会在该节拍中出现多个图示，如图 3-4.1，是指第三势动作第 4 个节拍中的第 2 个小节的正视图。若有必要继续展现小节图示的，则会顺序编号增加图示。

关于借助图示来理解动作，请一定要先熟悉整套动作名称，套路中有一些动作是重复的，有些是左右式，或身体朝向不同，可以相互借鉴图示来理解动作。比如：第五势、第七势、第六十二势的“搂膝拗步”动作，可以相互借鉴正视图、侧视图和后视图来理解动作；第十一势和第四十二势的“搬拦捶”身体朝向不同，可以相互借鉴正视图和后视图来理解动作。所以学习套路动作前，先通篇学习套路动作名称十分重要，或者先通篇预习一遍，对各个动作有一个大概的了解，再来进行逐个动作的理解学习，则能更全面地掌握动作要领。

三、身体朝向说明

每一个动作的身体朝向都有说明，如“整体朝向”是指躯干和头为同一方向。有些动作中“身”与“头”的朝向并不一致，如“扇通臂”的定势，此处若说明“身体”的朝向是躯干的朝向，那么同时也会说明“头”的朝向。另外，必要的时候会对“脚”的朝向做说明。若节拍中没有说明朝向的，即与上一节拍的朝向一致。

四、身法要点

在本套路招式的身法要求中，除了按照黄旭华院士的习练身法外，还参考杨澄甫先生在民国时期所著《太极拳体用全书》一书（下称体用本），同时又参考了少林长拳和传统陈式太极拳的动作特点，力求还原为最古朴的太极长拳风格，突显出身法的浑厚、沉稳、轻灵、松活，最大程度代表性地体现出中国传统武术风格。

在整个套路的练习过程中，如下要求应贯穿始终。

（1）心：思想放空、收摄身心、意识放松、内观自我。

（2）身：立身中正、全身放松，鼻子自然呼吸，虚领顶劲、气沉丹田、唇齿微合、舌贴上颚、下颌微收、眼睛外视但神不外泄，沉肩坠肘、松腰松背、尾闾中正、收胯后坐，始终保持以身领手、以手引身、虚实分明、节节贯穿、周身一体。

以上身法要求在套路分节解析阐述中不再重复说明。

本套路为太极长拳，是为太极拳系统早期的拳法套路，原本借长拳套路的诸多动作编纂而成，故其具有长拳的一些特点，整体的速度较现在的传统太极拳体系快一些，有刚有柔、节奏分明、快慢相间，但又体现了传统太极拳的沉稳、舒缓、松柔等特点。

第一节　第一段套路动作分节解析

第一段从“太极起势”至第二十八势“斜单鞭”。

预备势

起左脚开步，两脚与肩同宽，脚尖向前，两脚平行，身体前后重心在后脚掌，身体左右重心在两腿中间。身体中正，目视前方，两臂自然下垂于大腿两侧，两手为直掌，掌心朝腿，松胯屈膝后坐少许。整体朝南。

说明：因现代比赛或表演要求一般都是以身体立正开始，并行武术抱拳礼，但在传统套路练习中则没有此要求，故直接以分脚开步状态预备开始。

第一势　太极起势

本势分 2 个节拍。

（1）接预备势。待气聚丹田后，两胯松沉后坐，借脚底反作用力摧动肩、肘、手节节贯穿向前抬起，两掌心相对，指尖向前。待两掌抬高过胸时，两臂内旋至掌心朝下，继续上抬至肩平，指尖水平向前。（图 1–1）

图 1–1

（2）两臂外旋即两掌心相对，肩、肘、手下落。当两掌下落过胸时，两臂内旋至掌心朝下继续下按。两掌下按至两胯前略靠外停驻，屈肘坐腕，指尖水平向前。（图 1–2）

图 1–2

说明：整体朝南；两手在起落时要有协同、相合之意。后坐下蹲身法的高低根据自身身体素质而定，动作的标准要求则是大小腿夹角约 135°。此外，一旦在起势中决定身法的高度，那么后面的动作身法高度皆以此为基准，勿高低起伏。起势的身法高度不可强求低架势，一定要根据自身的身体素质条件，避免出现运动伤害。

杨澄甫先生体用本注：此为太极拳预备动作之姿势。立定时，头宜正直，意含顶劲，眼向前平视。含胸拔背，不可前俯后仰。沉肩垂肘，两手指尖向前，掌心向下。松腰胯，两足直蹈，平行分开，距离与肩相齐。尤要精神内固，气沉丹田。一任自然，不可牵强。守我之静，以待人之动。则内外合一，体用兼全。人皆于此势易为忽略，殊不知练法用法，俱根本于此。望学者首当于此注意焉。

第二势 太极旋转

本势分 5 个节拍。

（1）接上势。重心移至右腿，腰略左转，同时右掌背掤劲上领，横向屈肘至左胸前水平距离一小臂距离，左掌外旋掌心朝上，与右掌相照，呈抱球式。（图 2-1）

图 2-1

（2）重心移至左腿，腰略右转，同时左掌内旋大拇指领劲向上屈肘，横至右胸前方上缘，距离身体约一小臂距离，掌心朝内，指尖向右。右掌内旋回抽于胸前约一掌距离，立掌指尖向上，掌心朝前，掌根在胸部下缘位置，两掌相照。（图 2-2）

图 2-2

（3）重心右移，腰略左转，同时左掌内旋向上回抽弧线运行至胸口前，距身体一掌距离，掌心朝外，指尖向上，右掌随之外旋向下、向外、向上弧线翻滚，屈肘横至左胸前方上缘，距离身体约一小臂距离，掌心朝内，指尖向左，两掌相照。（图 2-3）

图 2-3

（4）重心左移，腰略右转，右掌下抽，内旋右掌收至胸前，掌心朝前，指尖向上，距身体一掌距离，左掌外旋，小臂曲肘横于胸前距离身体约一小臂距离，掌心朝内，指尖向右。（图 2-4）

图 2-4

图 2-5

（5）重心右移，腰略左转，左掌下抽，内旋左掌收至胸前，掌心朝前，指尖向上，距身体一掌距离，右掌外旋，小臂曲肘横于胸前距离身体约一小臂距离，掌心朝内，指尖向左。（图 2-5）

注：在 2—5 节拍两手在配合顺逆的旋转过程中，始终保持在身前掌心相对呈抱球式，如两手抱一皮球，先向上向内旋转一周，再向前向下旋转一周。整体朝南，转腰时略斜向。

第三势　动步揽雀尾

本势分 6 个节拍。

（1）接上势。重心移至左腿，腰右转，左掌背上掤，横屈肘至左胸上缘略低于左肩，掌心朝下，指尖向右，右掌外旋小鱼际领劲下切至腹前，与左掌呈抱球式，指尖向左，继而右脚尖翘起外摆，同时身体右转朝西。重心移至右腿，脚掌踏实，左脚跟步，前掌着地移至右脚跟内侧；同时，右小臂屈肘内旋快速由腹部斜向前掤出与肩同高，右掌心朝内，对照左肩内侧，指尖向左，左掌经由右手上方向下按至左胯外侧，掌心朝下，指尖斜向上。整体朝西。（图 3–1）

图 3–1

（2）松右胯，提左膝至大腿水平，小腿及脚自然下垂，同时左掌外旋上抄至腹前，掌心朝上，指尖向右，右掌内旋，掌心朝下与左掌呈抱球式。身斜朝西，头看南。右腿下蹲，左脚后跟落地，脚尖回勾，铲地向南上步，脚掌踏实，腰左转，右脚蹬地推动身体重心向南移动，成左弓步；同时，左掌内旋快速向上向前掤出，屈肘至肩高，掌心朝内，指尖向右，右掌下按至右胯外，掌心朝下，指尖斜向上。整体朝南。（图 3–2）

图 3–2

（3）松左胯，腰左转，收提右膝至大腿水平，小腿及脚自然下垂；同时左掌内旋略回收胸前，掌心朝下，右掌外旋上抄至腹前，两掌相照呈抱球式。腰向右转扣左脚，头看向西，身朝西南。左腿下蹲，向西上右腿呈右弓步，腰右转，右掌内旋向上掤，横肘至肩高，掌心朝内，指尖向左，左掌下捋按至左胯外，掌心朝下，指尖斜向上。整体朝西。（图 3–3）

图 3–3

（4）腰右转，身体重心微前移略上升，左脚跟步至右脚跟后侧横向一脚宽距离，呈左虚步，同时左掌穿掌上抄，与右掌根约一掌距离，左掌找右掌时，右掌微微外展即止（图 3–4）。重心移至左腿，腰左转，左掌外旋掌心朝上，指尖向前，右掌内旋掌心朝下，指尖向前，右掌在左手前上方，继而两手从左肩前方外侧下捋至左胯外侧上方（图 3–4.1）。

图 3–4

图 3–4.1

（5）腰右转，右掌外旋屈肘横在腰部，掌心朝内，指尖向左，左掌内旋掌指轻搭于右腕（图 3–5）。提右腿向西上步呈右弓步，左掌随右小臂向前挤至肩高，下与右膝相照（图 3-5.1）。

图 3-5

图 3-5.1

（6）腰左转，两掌内旋相合向下按收至腹部前，左脚迅速向西越步超过右脚，脚后跟外侧着地，脚尖朝西南（图 3-6）。迅速前移重心，向西上右腿呈右弓步，腰右转，两掌相合随之向胸前推出（图 3-6.1）。整体朝西。

图 3-6

图 3-6.1

注：此势快慢节奏比较明显，1、2 节拍快，3、4、5 节拍较慢，6 节怕快，体现出太极拳的快慢相间、刚柔相济的特点。

杨澄甫先生体用本注：

（1）揽雀尾掤法：揽雀尾为太极拳体用兼全之总手，即推手所谓黏连贴随，往复不离不断。遂以雀尾比喻手臂，故总名之曰：揽雀尾。其法有四，曰掤捋挤按。掤法：由起势。设敌人对面用左手击我胸部，我将右足即向右侧分开坐实，随起左足往前蹈出一步，屈膝坐实，后腿伸直，遂为左实右虚。同时将左手提起至胸前，手心向内，肘间略垂，即以我之腕贴在彼之肘腕中间，用横劲向前往上掤去，不可露呆板平直之像。则彼之力既为我移动，彼之部位亦自不稳矣。

（2）揽雀尾捋法：由前势。设敌人用左手击我侧肋部，我即将右足向右前正面蹈出，屈膝蹈实，左脚变虚，身亦同时向右面转，眼随往平看。左右手同时圆转，往右前出动。右手在前，手心侧向里。左手在后，手心侧向内，转至右手心向下。左手心向上时，速将我右肘腕间，侧贴彼肘节上，侧仰左腕，以腕背粘彼之腕背臂上，向左外侧。全身坐在左腿，左脚实，右脚虚。此时敌如进攻，我即内向胸前，左侧捋来，则彼之根力拔起，身亦随之倾斜矣。

（3）揽雀尾挤法：由前势。设敌人往回抽其臂，我即屈右膝。右脚实，左腿伸直，伸腰长往，随之前进，眼神亦直前往上送去。同时速将右手腕向外翻出，左手心贴我右之腕臂间，向前往，乘其抽臂之际，随之挤出，则敌必应手而跌矣。

（4）揽雀尾按法：由前势。设敌人乘势从左侧来挤，我即将两腕，从左侧往上用提劲，空其挤力。手指向上，手心向前，沉肩垂肘，坐腕，含胸，全身坐于左腿，速用两手心按其肘及腕部，向前逼按去。屈右膝，坐实，伸左腿，腰亦同时往前进攻，眼神随动往前从上送去，则敌人即后仰跌出矣。

第四势　单式云手

本势分 3 个节拍。

（1）接上势。松左胯，重心移至左腿，腰左转，扣右脚尖朝南，左掌外旋上抹过脸部左侧外旋掌心朝前，指尖向上，右掌内旋掌心朝内下抹右腹前，指尖斜向左下，身朝南，眼看左掌。（图 4–1）

图 4–1

（2）重心移至右腿，腰右转，右掌继续上抹至脸部右侧后内旋掌心朝外，指尖朝上，左掌内旋后弧线下抹至左腹前，掌心朝内，收左脚尖至右脚踝处，眼看右掌。（图 4-2）

图 4-2

图 4-3

（3）松右胯，横开左步，腰左转，右掌内旋后弧线下抹至右腹前，掌心朝内，指尖向下，左掌继续上抹至脸部左侧指尖朝上。重心移至左腿，同时外摆左脚尖朝东，扣右脚尖朝东南，右掌横于腹部前，掌心朝内，指尖向左，左掌外旋立掌于鼻前微微展开，掌心朝右，指尖向上。整体朝东。（图 4-3）

第五势　右搂膝拗步

本势分 3 个节拍。

（1）接上势。重心移至右腿，腰右转再左转，左掌小鱼际迅速向右肩前方劈出，掌心斜朝上，指尖斜向上，右掌外旋小鱼际迅速向左肩前方劈出，掌心斜朝上，指尖斜向上，两小臂右外左内交叉于胸前。整体朝东。（图 5-1）

图 5-1

（2）腰左转再回正，左脚踏实，重心移至左腿，眼看左手，左掌下抽至左胯外侧后外旋。继续抬至肩高后屈肘，以掌心照左耳，右掌内旋掌心朝下平抹至左肩内侧（图 5–2）。头回正看东，左掌指尖轻触左耳外廓，右掌外旋掌心朝内，指尖朝左。随重心移至左腿时，提右膝至大腿水平，小腿、脚自然下垂（图 5–2.1）。

图 5–2

图 5–2.1

（3）松左胯，左掌下按至左下颌外侧，右掌内旋按至腹前，右腿向东上步呈右弓步，腰右转，左掌立掌前推出与肩平，右掌划过右膝向右止于右膝外侧，掌心斜朝右下，指尖斜向左下。整体朝东。（图 5–3）

图 5–3

注：第 2 节拍在左手扬起托耳朵时回腰，眼看左手，在左手照耳朵后时头回正看正前方，在“搂膝拗步”中这一动作均一致，后面不再赘述。第 3 节拍注意开胸开背，左臂推出后直而不僵，右臂肘关节微外凸，内呈圆弧状。

第六势　右手挥琵琶

本势分 2 个节拍。

（1）接上势。松右胯，左脚跟步，右掌外旋，掌心朝左，指尖向前，右小臂向上提至胸腰高度，左掌向右合于右肘关节，掌心朝右，指尖向前。（图 6-1）

图　6-1

（2）重心迅速后坐至左腿，右脚跟擦地前蹬半步，脚尖翘起，腰右转，右掌迅速上提至肩高后外旋，掌心朝上，指尖朝前，左掌随右臂上提至停止时迅速下按，指尖向上贴于右肘关节下。整体朝东。（图 6-2）

图　6-2

注：第 2 节拍，右臂抬起后，注意保持沉肩坠肘，同时注意后坐左胯，将脚底的反作用力发到右掌。 1 节拍慢，2 节拍快，左掌下按幅度不要大，发一个小寸劲。

第七势　左换步搂膝

本势分 3 个节拍。

（1）接上势。腰左转再右转，右掌外旋小鱼际迅速劈向左肩前方后内旋随腰右转下按至腹前，指尖向左，在右掌下按时，左掌外旋以小鱼际迅速向右肩前方劈出，掌心朝内，指尖斜向上。（图 7–1）

图 7–1

图 7–2

（2）腰右转再回正，右脚踏实，重心移至右腿，眼看右手，右掌下抽至右胯外侧后，外旋抬至肩高后屈肘以掌心照右耳，左掌内旋掌心朝下平抹至右肩内侧。头回正看东，右掌指尖轻触右耳外廓，左掌外旋掌心朝内，指尖朝右。随重心移至右腿时，提左膝至大腿水平，小腿、脚自然下垂。（图 7–2）

（3）松右胯，右掌下按至右下颌外侧，左掌内旋按至腹前，左腿向东上步呈左弓步，腰左转，右掌立掌前推出与肩平，左掌划过左膝向左止于左膝外侧，掌心斜朝左下，指尖斜向右下。整体朝东。（图 7–3）

注："搂膝拗步"与"换步搂膝"最后的定势相同，身法可相互参照。

图 7–3

第八势　左手挥琵琶

本势分 2 个节拍。

（1）接上势，松左胯，右脚跟步，左掌外旋，掌心朝右，指尖向前，左小臂向上提至胸腰高度，右掌向左合于左肘关节，掌心朝左，指尖向前。（图 8–1）

图 8–1

图 8–2

（2）重心迅速后坐右腿，左脚跟擦地前蹚半步，脚尖翘起，腰左转，左掌迅速上提至肩部后外旋，掌心朝上，指尖向前，右掌随左臂上提至停止时迅速下按，指尖向上贴于左肘关节下。整体朝东。（图 8–2）

杨澄甫先生体用本注：由前势。设敌人用右手来击我胸部，我即含胸，屈右膝坐实。左脚随稍往后提，脚跟着地，收蓄其气势。右手同时往后收合，缘彼腕下绕过，即以我之腕黏贴彼之腕，随用右手拢合其腕内部，往右侧下采捺之。左手亦同时由左前往上收合，以我之掌腕，黏贴彼之肘部，作抱琵琶状。此时能立定重身，左挒右採，蓄我之势，以观其变。故谓之手挥琵琶也。

第九势“右换步搂膝”和第十势“右手挥琵琶”参照前面动作解析。（图 9、图 10 略）

图 9

第十一势　进步搬拦捶

本势分 4 个节拍。

（1）接上势。松左胯，腰左转，两臂先分后合，右掌变拳下横至左腹前，拳心朝上，拳眼朝前，左掌合至右小臂前端随之向左，掌心朝前，指尖向上，提右膝。整体朝东。（图 11–1）

图 11–1

图 11–2

（2）右腿迅速弹腿后向东上步呈右弓步，腰右转，右小臂在腰部高度迅速向右横挒，左掌随之推送，右拳心朝上，拳眼向右。（图 11–2）

（3）松右胯，腰向右转，左腿向前越步擦地蹬出，脚后跟落地，左掌随之立掌前推，与左脚尖上下相照，掌心朝前，指尖向上，同时收右拳至右腰间，拳心朝上，拳眼向右。（图 11-3）

图 11-3

图 11-4

（4）腰左转回正迅速前移重心至左腿呈左弓步，右拳立拳向前打出与肩平，左掌回抽立掌贴于右小臂前端。整体朝东。（图 11-4）

杨澄甫先生体用本注：由前式。设敌人用右手来击，我即将左足微向左侧分开，腰随往左扣转，左手即往后翻转至左耳旁，手心向下，右手俯腕，随转至左肋间，握拳。翻腕向右转腰，右拳随之旋转至右肋下，此谓之搬。同时提起右脚侧右踏实，松腰胯沉下，左手即从左额角旁侧掌平向前击，谓之拦。左足同时提起踏出一步，坐实，右足伸直，右手拳即随腰腿一致向前打出。然此拳之妙用，全在化人击来之右拳。先以我之右手腕，黏彼之右手腕，从左肋上搬至右肋下。其时，恐敌人抽臂换步，即将左手直前随步追去，寓有开劲。拦其右手时，即速将我右拳向敌胸前击去，则敌不遑避，必为我所中。此拳之妙用，所以全在搬拦之合法也。

第十二势 如封似闭

本势分 3 个节拍。

图 12-1

（1）接上势。腰右转再左转，左掌外旋贴右臂后抽，掌心朝上从右臂下方向前捋出，与右掌齐平，右拳变掌外旋掌心朝上，两掌间相隔一掌距离。（图 12-1）

图 12-2

（2）松右胯，重心移至右腿，两掌内旋相合，向下捋按于腹前，掌心斜朝下，指尖向前。（图 12-2）

图 12-3

（3）重心移至左腿，两掌相合向前推出至胸前，两臂微屈，掌心朝前，指尖向上，同时右脚跟步。身体后坐重心移至右腿。整体朝东。（图 12-3）

杨澄甫先生体用本注：由前式。设敌人以左手握我右拳，我即仰左手穿过右肘下，以手心缘肘护臂，向敌左手腕格去。如敌欲换手按来，我即将右拳伸开，向怀内抽拆，至两手心朝里斜交，如成一斜交十字封条形，使敌手不得进，犹如盗来即闭户，此谓之如封之意也。同时含胸坐胯，随即分开，变为两手心向敌肘腕按住，使不得走化，又不得分开，此谓之似闭，如闭门不得开也。随急用长劲，照按式按去，眼前看，腰进攻，左腿屈膝坐实，右腿随胯伸直，合一劲，向敌击去，此为合法。

第十三势　簸箕势

本势分 3 个节拍。

（1）接上势。松右胯，两掌向后下捋按至腹前，过程中两掌微微分开即又相合，左脚微向前垫步。整体朝东。（图 13-1）

图 13-1

图 13-2

（2）身体迅速移重心至左腿，两掌外旋，掌心朝上，指尖向前，以小鱼际相合迅速向前、上托出。（图 13-2）

(3)松左胯，两肘迅速回抽至两腰间，两掌心朝上，指尖向前，同时右腿迅速向前蹬出，大腿水平高度，脚尖向上。整体朝东。(图 13-3)

图 13-3

注：第 2 节拍两掌上托，意在托对方的下颌。第 3 节拍右脚蹬出，意在对方的膝盖。注意这两个动作的高度。

第十四势　双托掌

本势为 1 个节拍。

接上势。右脚前落，然后迅速移重心至右腿，上左步呈左弓步，两掌从腰间向前展臂托出，两掌心朝上，指尖向前。整体朝东。(图 14)

图 14

注：右脚落地迅速蹬地推动身体上左步。两手托出照着对方的两肋高度。

第十五势　十字手

本势分 2 个节拍。

（1）接上势。移重心至右腿，右脚外摆朝南，扣左脚，腰右转身体朝南，两臂内旋掌心朝下与各自体侧展平，与肩同高。（图 15-1）

图 15-1

（2）移重心至左腿，收右脚半步宽，两臂内旋掌心朝后，然后向下交叉于腹前继续上托至胸前约两横拳距离，右手在外，掌心朝内，指尖斜向上。整体朝南。（图 15-2）

图 15-2

杨澄甫先生体用本注：由前式。设有敌人，由右侧自上打下，我急将右臂自右向上大展分开，身亦同时向右转，左脚与右脚合，两手由上分开，复从下相合，结成一十字形。全身坐在左脚，右脚即提起，向左收回半步，两脚直踏，如起式。此一开一合劲也。际我用开劲分敌之手时，正恐敌先我乘虚由我胸部袭击。故我即结两手成一合劲。其时手心朝里，将敌之臂部挒住。如敌变双手按来，我即用双手将敌手由内往左右分开，手心朝上或向下均可。惟结成十字手时，同时腰膝稍松，往下一沉，则敌所向之力，即自散失不整矣。

第十六势　右抱虎归山

本势分 3 个节拍。

（1）接上势。腰右转，重心在右腿，扣左脚，右掌外旋掌心斜朝上，横挒于右肩前方，左掌外旋，掌心朝上，下落至左胯外侧。整体朝西南。（图 16-1）

图 16-1

（2）腰左转，重心移至左腿，眼看左手，左掌下抽至左胯外侧，后外旋抬至肩高，后屈肘以掌心照左耳，右掌内旋掌心朝下平抹至左肩内侧。腰右转，整体朝西北，左臂屈肘指尖轻触左耳外廓，右掌外旋掌心朝内，指尖向左，提右膝至大腿水平，小腿、脚自然下垂。（图 16-2）

图 16-2

（3）松左胯，左掌下按至左下颌，右掌下按至腹前，右腿向西北上步呈右弓步，腰右转，左掌向西推出与肩高，右掌外旋掌心朝内，指尖贴着腹

部横向右腰外侧虚搂抱过去。整体朝西北。（图 16-3、图 16-3.1）

图 16-3

图 16-3.1

杨澄甫先生体用本注：由前式。设敌人向我右侧、后身迫近击来，未遑辨别其用手，或用脚时，急转腰分开两手，踏出右步，屈膝坐实，左腿伸直，右手随腰向右方敌人腰间搂去，复抱回，左手亦急随之往前按。故右手先用覆腕搂去，旋用仰掌收回，如作抱虎式。倘敌人手脚甚快，未能为我抱住，但仅为我搂开或按出，则彼复换左手击来，我即用掤式捋回。

第十七势　右肘底捶

本势分 4 个节拍。

（1）接上势。松右胯，腰右转，左脚跟步，左掌外旋掌心朝上、下落，右掌手背领劲向左臂上方前掤出，然后内旋掌心朝下。右掌在上在前，左掌在下在后（图 17-1）。重心移至左腿，腰左转带动两手合劲向下捋至左胯外侧。整体朝西北。此节拍与前“揽雀尾”中的捋式相同。

图 17-1

（2）腰右转，右掌外旋上提至腹前，左掌内旋指尖照在右手腕部（图17-2）。提右膝向西北上步呈右弓步，右臂向前挤出于肩高（图17-2.1）。

图 17-2

图 17-2.1

（3）松右胯，右掌内旋掌心朝下，指尖向左按至腹前一小臂距离，左掌外旋掌心朝内指尖向上穿至左眉高度，左肘尖略高于右掌。在右掌内侧，提左膝。此节拍速度要快。（图 17-3）

图 17-3

图 17-4

（4）迅速落左脚震步交换重心，右脚后跟擦地前趟半步，脚后跟落地，脚尖回勾，右掌略内收，后内旋指尖迅速上穿至右眉高，掌心朝内，指尖斜向上，左掌变拳从右臂前下拉至右肘尖下，拳心朝内，拳眼对照右肘尖。整体朝西北。（图 17-4）

注：第 4 节拍中注意坐收左胯。

杨澄甫先生体用本注：由前势。如敌人自后方来击，我即转身，其动作如单鞭转身式。迨身将翻转正面时，左脚直向正面踏实，右脚即偏向右前，踏出半步。坐实时，则左脚提起，脚尖翘起，两手平肩，同时随身向左转，此时即用左手腕外平接敌人右手腕，向右推开，至其失却中定时，即将左手指下垂，缘彼腕间，向内缠绕一小圈。右手同时向左，与其左手相接，自上黏合，则彼之左右手都处背境，而失其所向。我即将左腕抑其右腕，右手急握拳，转至左肘底，虎口朝上，以蓄其势，向机而发，未有不应声而倒。此谓之肘底看捶也。

第十八势　右通背捶

本势分 2 个节拍。

（1）接上势。重心移至右腿，腰左转，左拳外旋拳心朝上后抽至左腰外，右掌内旋掌心照着左拳，距离左拳上一横拳，左腿向西北方越步，脚后跟外侧着地。（图 18–1）

图 18–1

图 18–2

（2）重心迅速移至左腿，西北方上右步呈右弓步，腰右转，右掌内旋掌心朝前横掌向右肩上方推出，指尖向左，下与右脚尖相照，随之左拳亦向右肩上方立拳打出，在右掌下方，掌拳上下相照。整体朝西北。（图 18–2）

注：第 2 节拍意在攻击对方头部，注意推掌和出拳的高度。

第十九势　左抱虎归山

本势分 2 个节拍。

（1）接上势。后移重心至左腿，腰右转，右脚外摆，眼看右手，右掌外旋掌心朝上，左拳变掌内旋掌心朝下平抹至胸口上缘。腰左转扣右脚，重心移至右脚，身体左转朝东，提左膝。头回正，右臂屈肘掌指轻触右耳外廓，左掌内旋掌心朝内。（图 19–1）

图 19–1

（2）松右胯，右掌下按至右下颌，左掌下按至腹前，左腿向东北上步呈左弓步，腰左转，右掌向东推出与肩高，左掌外旋掌心朝内，指尖贴着腹部横向左腰外侧虚虚搂抱过去。整体朝东北。（图 19–2）

图 19–2

第二十势　左肘底捶

本势分 4 个节拍。

（1）接上势。松左胯，腰左转，右腿跟步，右掌外旋掌心朝上再下落，左掌手背领劲向右臂上方前掤出，然后内旋掌心朝下，左掌在上在前，右掌在下在后（图 20–1）。重心后移至右腿，腰右转带动两手合劲向下捋至右胯外侧。整体朝东北。

图 20–1

图 20–2

（2）腰左转，左掌外旋上提至腹前，右掌内旋指尖照在左手腕部，提左膝向东北上步呈左弓步，左臂向前挤出于肩高。（图 20–2）

（3）松左胯，左掌内旋掌心朝下，指尖向右按至腹前一小臂距离，右掌外旋掌心朝内指尖向上穿至右眉高度，右肘尖略高于左掌，在左掌内侧，提右膝。（图 20–3）

图 20–3

（4）迅速落右脚震步交换重心，左脚后跟擦地前趟半步，脚后跟落地，脚尖回勾。左掌略内收后，内旋指尖迅速上穿至左眉高，掌心朝内，指尖斜向上。右掌变拳，从左臂前下拉至左肘尖下，拳心朝内，拳眼对照左肘尖。整体朝东北。（图 20-4）

图 20-4

注：此势与前“右肘底捶”相同，左右方向相反而已。

第二十一势　左通背捶

本势为 2 个节拍。

（1）接上势。重心移至左腿，腰右转，右拳外旋拳心朝上向后抽至右腰外，左掌内旋掌心照着右拳，距离右拳上一横拳，右腿向东北方越步，右脚后跟外侧着地。（图 21-1）

图 21-1

（2）重心迅速移至右腿，东北方上左腿呈左弓步，腰左转，左掌内旋掌心朝前，横掌向左肩上方推出，指尖向右、下与左脚尖相照。随之右拳亦向左肩上方立拳打出，在左掌下方，掌拳上下相照。整体朝东北。（图 21-2）

图 21-2

第二十二势　猴儿顶云

本势分 7 个节拍。

（1）接上势。松右胯，重心移至右腿，腰右转。左掌下落至肩平，掌心朝前。右拳变掌下按至右胯外侧，掌心朝下。左脚内扣朝东。整体朝东。（图 22-1）

图 22-1

图 22-2

（2）腰右转，右臂外旋掌心朝上，后抽抬起时再继续外旋升起至肩平，眼看右手。腰左转，右手掌上托回收照右耳后。头回看东，同时收左脚尖并步。左掌外旋掌心朝上，左臂保持不动。（图 22-2）

（3）松右胯，撤左步，后移重心。腰左转，左掌内旋掌心下按至左胯外侧。右掌稍下落，从右下颌向前立掌推出与肩平。（图 22-3）

图 22-3

（4）腰左转，左臂外旋掌心朝上后，抽抬起时再继续外旋升起至肩平，眼看左手。腰右转，手掌上托回收照左耳，头回看东，同时收右脚尖并步。右掌外旋掌心朝上，右臂保持不动。（图 22–4）

图 22–4

图 22–5

（5）松左胯，撤右步，后移重心，腰右转，右掌内旋掌心下按至右胯外侧，左掌稍下落从左下颌向前立掌推出与肩平。（图 22–5）

（6）腰右转，右臂外旋掌心朝上后，抽抬起时再继续外旋升起至肩平，眼看右手。腰左转手掌上托回收照右耳，头回看东，同时收左脚尖并步。左掌外旋掌心朝上，左臂保持不动。（图 22–6）

图 22–6

（7）松右胯，撤左步，后移重心，腰左转，左掌内旋下按至左胯外侧，右掌稍下落从右下颌向前立掌推出与肩平。整体朝东。（图 22-7）

图 22-7

注：此势应注意在后移重心、收脚并步、撤步的时候，不要顶胯，保持身体在一条水平线上步伐后移。后撤开步应注意两脚之间保持横向间距。此势又称“倒撵猴”。

杨澄甫先生体用本注：设有敌人用右手，紧握我手左腕，或小臂间，倘又以左手托住我肘底拳，则我先受其制，不得施展，时即翻仰左掌，用沉劲松腰胯，向左后缩回，左脚亦退后一步，屈膝坐实，右脚变虚，则敌之握力顿失。右手同时向后分开，至其失却握力时，急向前按去。此式虽然倒退一步，仍可撵去敌劲。故谓之倒撵猴，其要尤在松肩沉气也。

第二十三势　左右搂膝打捶

本势分 3 个节拍。

（1）接上势。松左胯，腰左转，右掌向下捋按至左膝外侧，掌心朝下，指尖斜向前，左掌外撑，掌心朝左，同时收右脚并步，右脚尖点地。（图 23-1）

图 23-1

图 23-2

（2）右腿向南横开半步，脚后跟落地踏实，腰右转，重心移至右腿，右掌内旋，左掌外旋。两掌从左膝外侧向右膝外侧横捋，右掌在右膝外侧，左掌在裆前，掌心都朝右，指尖斜向左下。（图 23-2）

图 23-3

（3）腰右转，右掌变拳收回腰间，拳心朝上，左掌内旋掌心朝下，指尖斜向右。提左腿向东上步呈左弓步，左掌从左膝前划过停在左膝外侧，掌心朝下，指尖向右。右拳立拳向前，水平打出。整体朝东。（图 23-3）

第二十四势　转身右蹬脚

本势分 3 个节拍。

（1）接上势。松右胯，重心后移，腰右转，左脚尖翘起内扣，左掌指尖领劲找右手，右拳变掌内旋，两掌指尖相对，掌心朝前，与肩同高，两臂掤圆。身体转向西南。（图 24-1）

图 24-1

（2）重心移至左腿，腰右转，两臂向下划弧，小臂交叉于裆前，掌心朝前，指尖向下，收右脚并步，脚尖点地。两臂抬起至胸前，掌心朝内，指尖向上，右大腿抬平，小腿自然下垂，脚尖下垂。整体朝西。（图 24–2）

图 24–2

（3）两臂微微上抬至鼻前，左臂向左下，右臂向右下，弧线下落至身体两侧，两掌根与肩平，右腿随两臂微微上抬后，用脚后跟向西北方向蹬出，脚尖回勾，高度在大腿水平。整体朝西。（图 24–3）

图 24–3

注：第 3 节拍两臂下落至身体两侧，切忌呈左右直线，两臂微微保持弧度有相合之意。抬腿正蹬时左胯还要保持微收后坐，切忌顶起。后面出现的蹬脚均是如此要求。另外，受运动武术影响，有些人蹬腿上升角度高，甚至超过肩部高度，这是个人素质表现，本套路中要求蹬出高度在腰部即可。

第二十五势　盘肘指裆捶

本势分 4 拍。

（1）接上势。松左胯，右脚跟前落地，脚尖外摆，右掌握住左拳手腕，身体右转下蹲呈右歇步，左肘落在右膝上，身体朝北，头看西北。（图 25-1、图 25-1D）

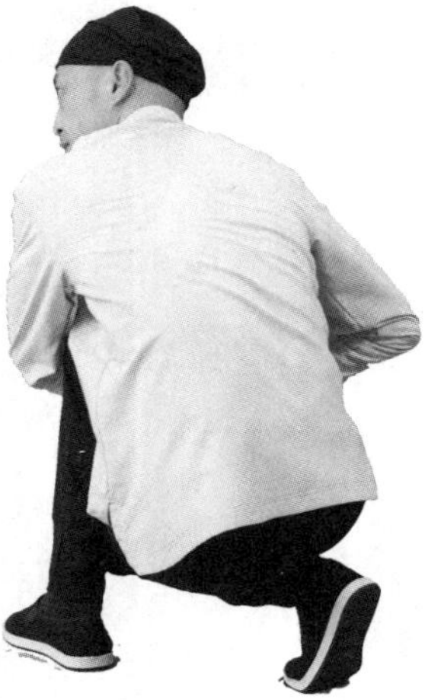

图 25-1

图 25-1D

（2）腰左转，以腰身的力量带动左肘尖朝西方向上打出，右手握紧左手腕，随之助力。（图 25-2）

图 25-2

（3）腰左转，起身呈左独立步，左拳变掌在脸部外侧，掌心朝左，指尖向前，右掌变拳收至腰间，拳心朝上，拳眼向右。整体向西。（图 25-3）

图 25-3

图 25-4

（4）松左胯，右腿向西上步呈右弓步，左臂向左上撑开，左掌在额头斜上方，掌心朝左，指尖向上，右拳立拳朝前方打出，高度意在对方裆部。整体朝西。（图 25-4）

第二十六势　野马分鬃

本势分 6 个节拍。

（1）接上势。松右胯，腰左转，左脚越步，脚跟外侧落地，脚尖向左。右拳变掌，掌心向上朝左胯外侧以小鱼际领劲斜切。左臂带左掌向右肩前方平抹，掌心朝下。左上右下两臂相叠。身体朝西南，头看向西。（图 26-1）

图 26-1

（2）移重心至左腿，腰右转，右腿向西上呈右弓步，右臂向右上横挒，右掌在右胸前方，掌心朝上，下与右脚尖相照；左掌向左下按至左腰外侧，掌心朝下。整体朝西。（图 26-2）

图 26-2

图 26-3

（3）松右胯，腰右转，左掌外旋掌心朝上抄至右腹前，右掌内旋掌心朝下抹至左肩前，右上左下两臂两叠，同时提左膝，脚尖下垂。身体朝西北，头看向西。（图 26-3）

（4）松右胯，腰左转，左腿向西上步呈左弓步，左臂向左上横挒，左掌在左胸前方，掌心朝上，下与左脚尖相照；右臂向左下按至右腰外侧，掌心朝下。整体朝西。（图 26-4）

图 26-4

（5）松左胯，腰左转，右掌外旋掌心朝上抄至左腹前，左掌内旋掌心朝下抹至右肩前。左上右下两臂两叠，同时提右膝，脚尖下垂。身体朝西南，头看向西。（图 26-5）

图 26-5

（6）松左胯，腰右转，右腿向西上步呈右弓步，右臂横肘向前上掤出与肩高，掌心朝内，指尖向左，左掌下捋按至左胯前。整体朝西。（图 26-6）

图 26-6

注：节拍 1、6 要注意和中间左右式雷同的动作有所不同，6 节拍是要衔接后面一个动作——“动步揽雀尾”。

第二十七势　动步揽雀尾

本势分 3 个节拍，均与第三势“动步揽雀尾”中 4、5、6 三个节拍动作相同，此处不再赘述。（图 27-1、图 27-2、图 27-3）

图 27-1

图 27-2

图 27-3

第二十八势　斜单鞭

本势分 3 个节拍。

（1）接上势。松左胯，重心左移，腰左转，扣右脚。两掌掌心朝下平抹至身体右胸前肩部下缘。左掌在内，指尖向右。右掌在外，指尖向左。（图 28-1）

图 28-1

（2）移重心至右腿，腰右转，右掌变勾手。左掌外旋上穿，掌心朝内，在脸部右外侧。同时提左膝。身体朝南，头看向东南。（图 28-2）

图 28-2

（3）松右胯，腰左转，左腿向东南方上步呈左弓步，左臂向上然后内旋以小鱼际领劲立掌向东南方劈出展平，至左膝上方与肩高。右勾手微微外撑。两手有相合之意。身体斜朝南，头看向东南。（图 28-3）

图 28-3

注：因定势为隅角，所以称“斜单鞭”以示区别。勾手手型参考前面的相关章节。

第二节　第二段套路动作分节解析

第二段从第二十九势“玉女穿梭”到第四十四势“单鞭”。

第二十九势　玉女穿梭

本势分 12 个节拍。

（1）接上势。松右胯，重心移至右腿，扣左脚。右勾手变掌外旋，落肘至右腰部高度，右掌心向斜朝上，指尖斜向前。左掌外旋，掌心朝上，弧线下落，托右肘尖，指尖斜向右。重心移至左腿，收右脚并步脚尖点地。整体朝西南。（图 29-1）

图 29-1

图 29-2

（2）右腿向西南方垫步后，重心移至右腿，提左腿向西南方上步，脚后跟落地，同时右掌后抽至右腰间，左掌向左前捋至左脚尖上方与胸同高。（图 29-2）

（3）重心移动至左腿呈左弓步，腰左转，左掌内旋，左小臂带左掌横挡于左额外侧，右掌变拳立拳向西南方打出，与左掌横向间距一小臂距离，略低于左掌。整体朝西南。（图 29-3）

图 29-3

（4）松右胯，腰右转，移重心至右腿，扣左脚。左掌外旋落肘至左腰前，左掌心斜朝上，指尖斜向前。右拳变掌，弧线下落，托左肘，指尖向左。移重心至左腿，腰右转，收右脚并步脚尖点地。整体朝东南。（图 29-4）

图 29-4

图 29-5

（5）松左胯，右腿向东南方向上右步，右脚后跟落地，同时左掌后抽至左腰间，右掌向右前捋至右脚尖上方与胸同高。（图 29-5）

（6）重心移动至右腿呈右弓步，腰右转，右掌内旋，右小臂带右掌横挡于右额外侧，左掌变拳立拳向东南方打出，与右掌横向间距一小臂距离，略低于右掌。整体朝东南。（图 29-6）

图 29-6

（7）松左胯，移重心至左腿，腰左转。右掌外旋，落肘至右腰前，右掌心斜朝上，指尖斜向前。左拳变掌，弧线下落，托右肘，收右脚并步脚尖点地。整体朝东北。（图 29-7）

图 29-7

图 29-8

（8）右腿向东北方垫步后重心落实，提左腿向东北方上步，脚后跟落地，同时右掌后抽至右腰间，左掌向左前捋至左脚尖上方与胸同高。（图 29-8）

（9）重心移动至左腿呈左弓步，腰左转，左掌内旋，左小臂带左掌横挡于左额外侧，右掌变拳立拳向东北方打出，与左掌横向间距一小臂距离，略低于左掌。整体朝东北。（图 29-9）

图 29-9

（10）松右胯，腰右转，移重心至右腿，扣左脚。左掌外旋，落肘至左腰前，左掌心斜朝上，指尖斜向前。右拳变掌，弧线下落，托左肘。移重心至左腿，腰右转，收右脚并步脚尖点地。整体朝西。（图 29-10）

图 29-10

图 29-11

（11）松左胯，右腿向西北方向上右步，右脚后跟落地，同时左掌后抽至左腰间，右掌向右前捋至右脚尖上方与胸同高。（图 29-11）

（12）重心移动至右腿呈右弓步，腰右转，右掌内旋，右小臂带右掌横挡于右额外侧。左掌变拳立拳向西北方打出，与右掌横向间距一小臂距离，略低于右掌。整体朝西北。（图 29-12）

注：本势是套路中经典的四个隅角步伐动作，分别移步朝向：西南、东南、东北、西北。第 10 节拍时右转身以脚后跟为圆心，利用腰腹核心力量快速大幅度旋转身体。

图 29-12

第三十势　上步揽雀尾

本势分 6 个节拍。

（1）接上势。松左胯，重心移至左腿，扣右脚。右掌平抹收回右胸前两掌距离，掌心朝下，指尖向左。左拳外旋变掌，弧形下收至右掌下方，掌心朝上。两掌呈抱球式。重心移动至右腿，收左脚并步脚尖点地，身体斜朝西南，头看向南。（图 30–1）

图 30–1

图 30–2

（2）左腿向南上步呈左弓步，腰左转。左臂横肘快速向南掤出略低于肩，掌心朝内，指尖向右。右掌下捋按至右胯外。整体朝南。（图 30–2）

（3）松左胯，腰左转，左脚跟为圆心外摆向东南，上右腿提膝。左掌内旋掌心朝下平抹回收胸前，右掌外旋上抄至左掌下，掌心相照呈抱球式。右腿向南上步呈右弓步，右臂横肘向南掤出略低于肩，掌心朝内，指尖向左，左掌下捋按至左胯外。（图 30–3）

图 30–3

（4）腰右转，身体重心微前移略上升，左脚跟步至右脚跟后侧，横向一脚宽距离呈左虚步，同时左掌穿掌上抄，与右掌根约一掌距离。左掌找右掌时，右掌微微外展即止。重心移至左腿，腰左转。左掌外旋掌心朝上，指尖向前。右掌内旋掌心朝下，指尖向前。右掌在左手前上方，两手从左肩前方外侧下捋至左胯外侧上方。

（5）腰右转，右掌外旋曲肘横在腰部，掌心朝内，指尖向左。左掌内旋掌指轻搭于右腕。提右膝，向南上步呈右弓步。左掌随右小臂向前挤至肩高，下与右膝相照。

（6）腰左转，两掌内旋相合，向下按收至腹部前。左脚迅速向南越步，脚后跟外侧着地，脚尖朝东南，迅速前移重心，向南上右腿呈右弓步。腰右转，两掌相合随之向胸前推出。整体朝南。

注：4、5、6 动作图示参考第三势“动步揽雀尾”后面的动作图示，只是方向不同而已。

第三十一势　转身野马分鬃

本势分 8 个节拍。

（1）接上势。松左胯，腰左转，重心移至左腿，扣右脚。左掌外旋掌心向上，以小鱼际领劲下切至右腹前，掌心朝右，指尖斜向下。右掌平抹至左肩前，掌心朝左，指尖斜向上。两臂右上左下在身前斜型相叠（后面雷同，左右臂上下不同而已），重心移至右腿，收左脚并步，脚尖点地。整体朝北。（图 31-1、图 31-1D）

图 31-1

图 31-1D

（2）松右胯，腰左转，左脚跟内侧铲地向西上步，重心移至左腿。左脚尖摆朝正西，右脚以前掌为圆心，后跟外摆，呈左弓步。左小臂横捌至左膝上方胸部高度，右掌捋按至右膝上方外侧胯部高度（后面几拍的高度均相同，左右不同而已，故后面不再赘述）。整体朝西。（图 31–2）

图 31–2

（3）松右胯，腰右转，重心移至右腿，扣左脚。左掌内旋平抹至右肩前，掌心朝右，指尖斜向上。右掌外旋抄至左腹前，掌心朝左，指尖斜向下。两臂上下相叠，移重心至左腿，收右脚并步，脚尖点地。整体朝东北。（图 31–3）

图 31–3

（4）松左胯，腰右转，右脚跟内侧铲地向东上步，移重心呈右弓步，右臂横捌，左掌捋按。整体朝东。（图 31–4）

图 31–4

（5）松左胯，腰左转，重心移至左腿。右掌内旋平抹至左肩前，掌心朝左，指尖斜向上。左掌外旋抄至右腹前，掌心朝右，指尖斜向下。两臂上下相叠，移重心至右腿，收左脚并步，脚尖点地。整体朝西。（图 31-5）

图 31-5

图 31-6

（6）松右胯，腰左转，左脚跟内侧铲地向南上步，重心移至左腿，左脚尖摆朝正南，右脚以前掌为圆心，后跟外摆，呈左弓步。左小臂横捌，右掌捋按。整体朝南。（图 31-6）

（7）松右胯，腰右转，重心移至右腿，扣左脚。左掌内旋平抹至右肩前，掌心朝右，指尖斜向上。右掌外旋抄至左腹前，掌心朝左，指尖斜向下。两臂上下相叠，移重心至左腿，收右脚并步，脚尖点地。整体朝西北。（图 31-7）

图 31-7

（8）松左胯，腰右转，右脚跟内侧铲地向北上步，移重心呈右弓步，右臂横挒，左掌捋按。整体朝北。（图 31-8）

图 31-8

注：本势是套路中步伐四正的代表性动作，要求身法低沉，动作缓柔，弓步要求弓行的大腿与地面水平。

第三十二势　单鞭下势

本势为 3 个节拍。

（1）接上势。松左胯，腰左转，重心移至左腿，扣右脚。左掌上穿至右胸前，指尖向右。右掌内旋掌心向下平抹至左掌外，指尖向左。重心移至右腿，收左脚并步，脚尖点地。整体朝南。（图 32-1）

图 32-1

图 32-2

（2）松右胯。右掌变勾手上提至眉高，左掌外旋掌心朝内在右脸部外侧。提左膝，腰左转。头看向东。（图 32-2）

（3）松右胯完全下蹲，左腿脚尖向上回勾，脚后跟擦地向西蹬出伸直腿肚贴地。左掌心朝右，指尖向下插，穿行落到左大腿时指尖向东，停在左大腿内侧。右勾手在头部右侧略上方。整体朝东。（图 32–3）

图 32–3

注：在第 3 节拍下蹲时不要弯腰低头，下蹲时依然尽量保持躯干的中正。下蹲的高低要根据个体身体素质，不可强求。

第三十三势　金鸡独立

本势分 3 个节拍。

（1）接上势。蹬右腿重心移至左腿呈左弓步。左掌顺大腿前穿过膝盖后挑掌向上，掌心朝右。右勾手变掌，顺势下落至右膝外侧上方，掌心朝左，指尖向东。（图 33–1）

图 33–1

图 33–2

（2）松左胯，提右膝抬平后迅速弹腿，收脚尖自然下垂。右掌随之前穿至右膝后，挑掌上穿至鼻尖前。左掌心朝下按至左胯前，指尖斜向右。（图 33–2）

（3）松左胯，落右腿，重心移至右腿，提左膝抬平后迅速弹腿，收脚尖自然下垂。左掌指尖向上挑掌至鼻尖，掌心朝右。右掌心朝下按至右胯前，指尖斜向左。整体朝东。（图 33-3）

图 33-3

注：整个动作切忌顶胯，重心腿的胯要求松胯后坐，不得直立。提膝大腿抬平后迅速弹腿，弹腿毕，立即放松下垂。

第三十四势　泰山升气

本势分 3 个节拍。

（1）接上势。松右胯，腰右转。左脚盖步脚后跟落地，脚尖向东南。左掌向右微推，右掌外旋上提与左小臂交叉。（图 34-1）

图 34-1

图 34-2

（2）重心移至左腿，提右腿向西南横开半步，脚尖向西南。两小臂进一步交叉，左上右下相叠。重心移至右腿，提左膝。（图 34-2）

（3）身体向西南方倾斜。左腿迅速向东北方向蹬出，脚尖回勾。左掌至沿左腿外侧迅速下推出，掌心斜向下，指尖向前。右臂向头部上方横捌伸直，右掌心朝上，指尖斜向上。头部与身体保持一致，眼看左腿。身体朝东南，两臂呈一直线，右臂朝西南，左臂朝东北。（图34-3）

图 34-3

第三十五势　斜飞势

本势分 2 个节拍。

（1）接上势。落左脚并步。左掌平抹提至右肩头前方，掌心朝下，指尖斜向上。右掌下切至左腹前方，掌心朝上，指尖向左。两臂上下相叠。身体回正，眼看向西南。（图 35-1）

图 35-1

图 35-2

（2）重心移至左腿，腰右转，右腿向西南上步呈右弓步。右臂横捌至头部前方自然伸直。右掌心朝上，指尖斜向上。左掌下按左胯前方，掌心朝下，指尖斜向前。整体朝西南。（图 35-2）

注："斜飞势"与"野马分鬃"两臂在动作上有区别。

第三十六势　提手上势

本势分 2 个节拍。

（1）接上势。松右胯，腰右转，左脚跟步。右掌内旋掌心朝左后，弧形回抽至胸前。左掌挑掌朝前至右掌前方为直掌，掌心朝左。两掌指尖向前，掌心相向。（图 36–1）

图 36–1

图 36–2

（2）重心移至左腿，松左胯，右腿后跟擦地向西南方前蹚半步，脚后跟落地。右掌弧形下落后上挑。左掌回抽与右肘内相后合劲向西南上方托起，推出至右臂伸直。右掌心朝上，指尖斜向前。左掌心朝右，指尖斜向上。整体朝西南。（图 36–2）

注：注意此势与“手挥琵琶”的动作相区别。

第三十七势　白鹤亮翅

本势分 3 个节拍。

（1）接上势。腰左转，右脚尖落地并步后向西撤，脚尖朝东。右掌内旋掌心朝下，弧形下抹至左腹前，再收至右胯外侧，指尖斜向左。左掌收回右胸口前，掌心朝内，指尖向右。整体朝东南。（图 37–1）

图 37–1

（2）重心移至右腿，腰左转，收左脚并步脚尖点地。两掌移至身体左侧。（图 37–2）

图 37–2

（3）腰左转再右转，左腿前出半步，脚尖点地。右掌内旋后向身体右前方掤出，弧形展开右臂。右掌在右额前上方，掌心朝前，指尖斜向左上。左掌下按至左胯外侧，掌心朝下，指尖斜向右。整体朝东。（图 37–3、图 37–3B）

图 37–3

图 37–3B

注：两臂展开后均呈弧形，有如白鹤张开的两翅膀。

杨澄甫先生体用本注：由前势。设敌人从我身左侧，用双手来击。我速将右脚收回，即提起直前蹈出，稍屈坐实，身随右脚同时转向左方正面，左脚移至右脚前，脚尖点地。左手心同时合于右手肘里，沉下至腹时，右手随沉随起，提获至右头角上展开，右手心向上侧。左手急往下，从左侧向下展开至左胯旁，手心向下，则彼之力则分散而不整矣。

第三十八势　左搂膝拗步

本势分 2 个节拍。

（1）接上势。腰左转再右转。两臂先随腰转向左，再向右，眼看右手。右掌外旋下抽至右胯外侧，后外旋抬至肩高，屈肘以掌心照右耳。左掌内旋掌心朝下，平抹至右肩内侧。头回正看向东（图 38–1）。右掌指尖轻触右耳外轮廓，后外旋，掌心朝前，指尖朝左。左掌心朝内。提左膝至大腿水平，小腿、脚自然下垂。

图 38–1

（2）松右胯。右掌下按至右下颌外侧，左掌内旋按至腹前。左腿向东上步呈左弓步，腰左转。右掌立掌前推出与肩平。左掌划过左膝向左止于左膝外侧，掌心斜朝左下，指尖斜向右下。整体朝东。（图 38–2）

图 38–2

杨澄甫先生体用本注：由前势。设敌从我左侧中、下二部，用手或足来击。我将身往下一沉，实力暂寄于右腿。左足即提起向前踏出一步，屈膝坐实，右足亦随之伸直。左手同时转上至右胸前向左外往下，将敌人之手或足搂开。右手同时仰手心垂下，直往后右侧轮转旋上至耳旁，张掌，手心朝前，沉肩坠肘，坐腕松腰前进，眼神亦随之前往，向敌人之胸部按去。身手各部须合成一劲，意亦扬长前往，便为得力。

第三十九势　海底珍珠

本势分 3 个节拍。

图 39-1

（1）接上势。松左胯，腰左转，右腿跟步。右掌变拳下落拳心朝上。左掌心合右小臂前段，指尖向上。（图 39-1）

图 39-2

（2）重心移至右腿，腰右转，收右肘至右腰间，提左膝。（图 39-2）

图 39-3

（3）沉右胯下蹲，腰左转，左脚前蹬，脚尖回勾向上腿肚贴地。右拳向前打出，拳面朝地。左掌随右臂向前。整体朝东。（图 39-3）

注：第 3 节拍下蹲时，切忌弯腰低头。

第四十势　扇通臂

本势分 2 个节拍。

（1）接上势。起右腿提左膝，右拳变掌内旋掌心朝右指尖向前，左掌随之，右臂抬起至略高于肩。（图 40-1）

图 40-1

（2）左腿向东上步，呈左弓步。左掌立掌向前推与肩平，掌心朝前，指尖向上。右臂向右外上挪出，右掌心朝右上，指尖斜向前上，略高于头部。整体朝东。（图 40-2）

图 40-2

注：第 2 节拍时，两掌方向同时，一个朝前推，一个朝右挪挡。

杨澄甫先生体用本注：由前势。设敌人用右手来击，我急将右手由前往上提起，至右额角旁，随将手心向外翻，以托敌右手之劲。左手同时提至胸前，用手掌冲开，直劲向敌肋部冲去。沉肩坠肘、坐腕、松腰。左脚同时向前踏出，屈膝坐实，脚尖朝前，眼神随左手前看。右脚随腰胯伸劲送去，其劲正由背发，两臂展开，欲扇通其背，则所向无敌矣。

第四十一势　撇身捶

本势分 4 个节拍。

（1）接上势。重心移至右腿，扣左脚。左掌指尖领劲掌心朝上弧线运动，顶掌至头顶，指尖向右。右掌变拳下落至左胸口，拳心朝下，拳眼朝内。再移重心至左腿，腰右转。身体朝南，眼看向西。（图 41–1）

图 41–1

图 41–2

（2）腰迅速右转，身体朝西。右脚活步脚跟着地，脚尖翘起。右拳随腰身右转，拳背下砸胸前。左掌下按与右肘内侧，掌心朝右，指尖斜向上。整体朝西。（图 41–2）

（3）迅速移重心至右腿，腰右转，右拳内旋拳心朝下收至右腰。左掌迅速向西推出，略低于肩。（图 41–3）

图 41–3

（4）迅速移重心至左腿，腰左转，右拳立拳向西打出略低于肩，左掌心朝下按至左胯外侧。整体朝西。（图 41–4）

图 41–4

注：第 2、3、4 节拍动作速度加快，要有长拳的风格。

杨澄甫先生体用本注：设有敌人自身后用拳击来，我即将身由右往后翻转，左脚坐实。右腿向前提起踏出半步，右拳同时提起，向后正面撇去。拳背向下沉，或将敌肘叠住，或暗用採劲皆可。左手同时随右拳向敌面部用掌挒去，以助右拳撇势，身须随即进展为得势也。

第四十二势　进步搬拦捶

本势分 4 个节拍。

（1）接上势。腰左转。右拳外旋，右小臂横收至腹前，拳心朝上。左掌心迎贴与右腕部，提右膝。（图 42–1）

图 42–1

（2）右腿迅速弹腿后向西上步呈右弓步，腰右转。右小臂在腰部高度迅速向右横挒，左掌随之推送。右拳心朝上，拳眼朝右。（图 42-2）

图 42-2

图 42-3

（3）松右胯，腰右转，左腿向西越步擦地蹬出，脚后跟落地。左掌随之立掌前推略低于肩，与左脚尖上下相照，掌心朝前，指尖向上。同时收右拳至右腰间，拳心朝上。（图 42-3）

（4）腰左转，回正迅速前移重心至左腿呈左弓步，右拳立拳向前打出与肩平，左掌回抽立掌贴于右小臂前端。整体朝西。（图 42-4）

图 42-4

第四十三势　动步揽雀尾

本势分 5 个节拍。

（1）接上势。腰左转，左脚尖外摆，两臂分开。右拳变掌，掌心朝右掤开，指尖向前。左掌向左下按，掌心朝下，指尖斜向右。右掌外旋掌心向左合左掌。左掌迎右小臂前端，掌心朝前，指尖向上。右小臂曲肘横与胸前，右掌心朝内，指尖向左，提右膝。（图 43–1）

图 43–1

图 43–2

（2）左腿下蹲，向西上右腿呈右弓步，腰右转。右掌内旋向上掤，横曲肘至肩高，掌心朝内，指尖向左。左掌下捋按至左胯外，掌心朝下，指尖斜向上。整体朝西。（图 43–2）

本势第 3、4、5 节拍均与前面第三势中的第 4、5、6 节拍动作完全相同，请参照前面的动作描述。（图 43–3、图 43–4、图 43–5）

图 43–3

图 43–4

图 43–5

第四十四势 单鞭

本势分 3 个节拍。

（1）接上势。松左胯，重心左移，腰左转，扣右脚。两掌心朝下平抹至身体右侧肩部下缘。左掌在内，指尖向右。右掌在外，指尖向左。（图 44-1）

图 44-1

图 44-2

（2）移重心至右腿，腰右转，右掌变勾手。左掌外旋上穿，掌心朝内在脸部右外侧，同时提左膝。身体朝南，头看向东。（图 44-2）

（3）松右胯，腰左转，左腿向东方上步呈左弓步。左臂向上，然后内旋以小鱼际领劲立掌向东方劈出，展平，至左膝上方与肩高。右勾手向西南微微外撑。两手有相合之意。身体斜朝东南，头看向东。（图 44-3）

图 44-3

杨澄甫先生体用本注：由前势。设敌人从身后来击，我即将重身移在左脚，右脚尖翘起，向左侧转动坐实。左右手平肩提起，手心向下，一致随腰，左右往复荡动，以称转动之势。两手荡至左方时，乃将右手五指合拢，下垂做吊字式。此时左掌暂驻腰间，与吊手相抱，手心朝上，右足就原位，向左后转动翻身向后，左足提起，偏左蹈出。屈膝坐实，右腿伸直，同时转腰。左手向里，由面前经过，往左伸出一掌，手心朝外，松腰胯，向敌之胸部逼去。沉肩，垂肘，坐腕，眼神随之前往，俱要同一时动作，则敌人未有不应手而倒。

第三节　第三段套路动作分节解析

第三段从第四十五势“云手”到第七十四势“转身反单鞭”。

第四十五势　云手

本势分 6 个节拍。

（1）接上势。移重心至右腿，扣左脚尖朝南，腰右转。左掌内旋下落至左腹前，掌心朝内，指尖斜向右下。右勾手变掌内旋上行至头部右侧，掌心朝前，指尖向上。身体朝南，眼看右掌背。（图45-1）

图 45-1

（2）重心移至左腿，腰左转，收右脚并步。左掌上抹过脸左部后内旋至掌心朝前，指尖向上，在眼下同高，眼看左掌背。右掌内旋掌心朝内下落抹至右腹前，指尖斜向左下。（图 45-2）

图 45-2

图 45-3

（3）重心移至右腿，腰右转，略横开左步。右掌继续上抹过脸右部后内旋至掌心朝前，指尖向上，在眼下同高，眼看右掌背。左掌内旋掌心朝内下落抹至左腹前，指尖斜向右下。（图 45-3）

（4）重心移至左腿，腰左转，收右脚并步。左掌上抹过脸部后内旋至掌心朝前，指尖向上，在眼下同高，眼看左掌背。右掌内旋掌心朝内下落抹至右腹前，指尖斜向左下。（图 45-4）

图 45-4

（5）重心移至右腿，腰右转，略横开左步。右掌继续上抹过脸部后内旋至掌心朝前，指尖向上，在眼下同高，眼看右掌背。左掌内旋掌心朝内下落抹至左腹前，指尖斜向右下。（图 45-5）

图 45-5

图 45-6

（6）重心移至左腿，腰左转，收右脚并步。左掌上抹过脸部后内旋至掌心朝前，指尖向上，在眼下同高，眼看左掌背。右掌内旋掌心朝内下落抹至右腹前，指尖斜向左下。身体朝南，头看向东南。（图 45-6）

注：两步距离不要超过肩宽，横开一脚距离即可。两掌上下弧线运动中，左手管身前左侧，右手负责身前右侧。看右掌背开左步，看左掌背收右步。两手一上一下配合，似太极图中的阴阳鱼互动。手上行指尖不高于眼部，手下行不低于裆部。

杨澄甫先生体用本注：由前势。设敌人自前右侧用右手击我胸部或肋部，我即将右手落下，手心向里，即以我之腕上侧，与敌之腕下相接，由左而上，往右旋转，复翻下向左行，划一大圆圈，如云行空绵绵不绝。左手同随落下，手心向下，随往下向上翻出，与右手意同。身亦随右手扨转，眼神亦随手腕看去，旋转照应。右足往左移动半步，左足向左踏出一步，成一骑马式。此时两手上下正行至胸脐相对，则右脚又变虚，向左移入半步，则续行为第二式。惟变化虚实交互旋转时，万不可露有凹凸断续之意。此式之妙用，全在转腰胯，然后可以牵动敌之根力，应手翻出，学者其细悟之。

第四十六势　单鞭

本势分 2 个节拍。

（1）接上势。腰左转，重心移至右腿，腰右转，右掌弧形上提右肩前变勾手。左掌下抹至右腹前上穿至右颌前，掌心朝内，指尖向上，提左膝。（图 46-1）

图 46-1

图 46-2

（2）松右胯，腰左转，左腿向东上步呈左弓步。左臂向上，然后内旋以小鱼际领劲立掌，向东劈出，展平，至左膝上方与肩高，右勾手向西南微微外撑，两手有相合之意。身体斜朝东南，头看向东。（图 46-2）

第四十七势　高探马

本势分 2 个节拍。

（1）接上势。重心移至右腿，腰右转，眼看右手，右勾手变掌外旋水平外摆，掌心朝上，指尖向西。左掌外旋掌心朝上，指尖向左。两臂肩部高度东西一线，沉肩坠肘。（图 47-1）

图 47-1

（2）头回看向东，腰左转。右掌扬起掌心照右耳方向过去，后下落从右下颌侧向前推出至右肩前方，掌心朝前，指尖向上略低与肩，右肘下落离腰部有两拳距离。左掌向右弧形下落托右肘，经过右肘后再向左收至左腹前，掌心朝上，指尖斜向右。收左脚至右脚再虚步向前伸直，左脚尖落地。整体朝东。（图 47-2）

图 47-2

杨澄甫先生体用本注：由单鞭式。设敌用左手，自我左腕下绕过，往右挑拨，我随将左手腕略松劲，手心朝上，将敌腕扣住，往怀内採回。左脚同时提回，脚尖着地，松腰含胸，右膝稍屈坐实。同时急将右手由后而上圆转向前，往敌人面部，用掌探去。眼前看，脊背略耸有探拔前进之意。

第四十八势　右分脚

本势分 5 个节拍。

（1）接上势。松右胯，腰左转。右掌心朝下平抹至胸前，曲肘横臂。左掌上穿迎右掌，收左脚并步，脚尖点地。（图 48-1）

图 48-1

（2）左腿向西北方撤步，移重心至左腿，腰左转，左掌收至左腰外，右臂横臂至身前腰高度。（图 48-2、图 48-2B）

图 48-2

图 48-2B

（3）重心移至右腿，腰右转。左掌朝上，从右臂上穿至左肘对齐右臂。右臂随左掌上穿，微微前移。两臂交叉与胸部高度。（图 48-3）

图 48-3

图 48-4

（4）重心移至左腿，两掌内旋，掌心朝外，两臂向两侧弧形展开下落，再与腹前交叉后抬起至胸前。右小臂在外，掌心朝内，指尖斜向上，提右膝。（图 48-4）

（5）两臂合劲向前掤出，再立掌内旋，向身体两侧展开，略低于肩，两臂伸展呈弧形。右膝稍提向东南，弹腿，崩右脚掌背，崩完即放松下垂。整体朝东。（图 48-5）

图 48-5

注：两臂左右展开后不要左右呈一条直线，要内收一些，有相合相抱之意。

杨澄甫先生体用本注：由前势。设敌人用左手，接我探出之右腕，我随用右手腕压住敌之左肘，垂肘沉肩，即将敌左臂向左侧捋回。同时左手粘住敌人左腕，手心向下暗施採劲。左脚同时向前左侧迈去半步，坐实，腰向左斜倚，随将右脚提起，脚尖与脚背，平直向敌人左肋踢去。同时两手掌侧立，向右左平肩分开，以称分脚之势。眼亦随右手看去，含胸拔背，定力自足，则敌势不能自支矣。

第四十九势　左分脚

本势分 5 个节拍。

（1）接上势。松左胯，右脚尖着地并步。左掌掌心朝下向右平抹，曲肘横臂与胸前。右掌外旋内收至左小臂前段内侧，掌心朝上，指尖斜向左。（图 49-1）

图 49-1

（2）右腿向西南方撤步，移重心至右腿，腰右转，右掌收至右腰外，左臂横臂收至身前腰高度。（图 49-2）

图 49-2

图 49-3

（3）重心移至左腿，腰左转。右掌从左臂上穿至右肘，对齐左臂。左臂随右掌上穿，微微前移。两臂交叉与胸部高度。（图 49-3）

（4）重心移至右腿，两掌内旋，掌心朝外。两臂向两侧弧形展开下落，再与腹前交叉后抬起至胸前。左小臂在外，掌心朝内，指尖斜向上，提左膝。（图 49-4）

图 49-4

（5）两臂合劲向前挪出，再立掌内旋向身体两侧，展开略低于肩，两臂伸展呈弧形。左膝稍提向东北弹腿，崩左脚掌背，崩完即放松下垂。整体朝东。（图 49-5）

图 49-5

第五十势　转身左蹬脚

本势分 2 个节拍。

（1）接上势。松右胯，腰迅速右转，身体转朝西。两臂下落与腹前交叉，掌心朝前，指尖向下，右掌在外，左脚并步，脚尖点地。（图 50-1）

图 50-1

图 50-2

（2）两臂上抬至鼻前，左臂向左下，右臂向右下弧线下落至身体两侧，两掌与肩平。右腿随两臂微微上抬后，用脚后跟向西南方向蹬出，脚尖回勾，高度在大腿水平。整体朝西。（图 50-2）

注：右转身时借助腰腹的核心力量，以脚后跟为圆心旋转。

杨澄甫先生体用本注：由左分脚式。设敌人自身后用右手打来，我即将身向左正方转动，含胸拔背、松腰，尤须虚灵顶劲。左腿悬踢，随腰转时，脚尖垂下。右脚立定时，左脚即向敌腹部用脚跟蹬去，脚指朝上。两手随腰转动时，由外向内合，随左脚蹬出时，掌即向左右侧立，平肩分开，眼神随左指尖望去，立定根力，则敌必应腿自仰矣。

第五十一势　上步搂膝

本势分 2 个节拍。

（1）接上势。前落左脚后跟，腰左转，重心移至左腿，眼看左手（图 51-1）。左掌下抽至左胯外侧后外旋抬至肩高，屈肘以掌心照左耳，右掌内旋掌心朝下平抹至左肩内侧，头回正看向西，腰右转。左掌指尖轻触左耳外轮廓。右掌外旋掌心朝内，指尖朝左，提右膝至大腿水平，小腿、脚自然下垂（图 51-1.1）。

图 51-1

图 51-1.1

（2）松左胯，左掌下按至下颌左侧，右掌内旋按至腹前。右腿向西上步呈右弓步，腰右转。左掌立掌前推出与肩平。右掌划过右膝向右止于右膝外侧，掌心斜朝右下，指尖斜向左下。整体朝西。（图 51–2）

图 51–2

注：此势与前面的“搂膝拗步”动作要求相同，第 1 节拍的速度要求快一点。

第五十二势　上步栽捶

本势分 3 个节拍。

（1）接上势。重心移至左腿，右脚尖翘起，右掌以大拇指根领劲提起与肩平，左掌指尖搭在右小臂前段。（图 52–1）

图 52–1

（2）重心移至右腿，腰右转，提左膝。右掌变拳提至右额外侧，拳心朝左，拳眼向上。左掌下按至左膝盖前方，掌心朝下，指尖向右。（图 52–2、图 52–2C）

图 52–2

图 52–2C

（3）左腿向西上步呈左弓步，腰左转。右拳栽拳冲打地面，在左膝上方内侧。左掌下按过左膝后向左拨挡，指尖向右。整体向西。（图 52–3）

图 52–3

注：栽捶略比指裆捶低，有直击地面之意。

杨澄甫先生体用本注：由前式。设敌人又用左腿踢来，我即用右手顺敌腿势由左搂去，则敌必往左仆，我即将左足同时向前一步追去，屈膝坐实，右手随握拳，向敌腰间或脚胫捶去皆可，是为栽捶。其时右腿伸直，腰胯沉下成平曲形式，胸含，眼前看，尤须守我中土为要。

第五十三势　双叉手

本势分 2 个节拍。

（1）接上势。松左胯，腰左转，右脚跟步。右拳变掌提至胸前，掌心朝内，指尖向左。左臂提起，左掌心朝内，指尖向右。右外左内两手腕交叉。（图 53-1）

图 53-1

（2）右腿踏实后，蹬地发力，向前上左步呈左弓步。两掌内旋合力向胸前掤打，掌心朝前，指尖相对。整体朝西。（图 53-2、图 53-2C）

图 53-2

图 53-2C

第五十四势　转身二踢脚

本势分 4 个节拍。

（1）接上势。重心移至右腿，腰右转，扣左脚向北。右掌外旋仰掌向身体右侧展开右臂，眼看右手。左掌俯掌抹至胸前。身体朝北。（图 54-1、图 54-1D）

图 54-1

图 54-1D

（2）重心移至左腿，腰左转，右掌扬起经右耳侧内旋掌心朝前，提右膝弹右腿，用右掌拍打右脚背。整体朝北。（图 54-2、图 54-2D）

图 54-2

图 54-2D

（3）右脚跟前落地，身体左转。右掌俯掌平抹至胸前，指尖向左。左臂外展至身体左侧，掌心朝上，指尖向左。眼看左手。（图 54-3）

图 54-3

图 54-4

（4）重心移至右腿，腰右转。左掌扬起经左耳侧内旋掌心朝前，提左膝弹左腿，用左掌拍打左脚背。然后提膝自然下垂，两掌合与胸前，掌心朝下，指尖相对。整体朝北。（图 54-4）

第五十五势　左披身打虎

本势分 2 个节拍。

（1）接上势。松右胯，左腿前出西北方，脚后跟着地，两掌下按至各自胯前。（图 55-1、图 55-1D）

图 55-1

图 55-1D

（2）重心移至左腿呈左弓步，两掌变拳。右拳立拳直打出与肩高，拳眼向上，下与左脚尖对照（略偏右）。左拳向左抡起盖砸右拳。两拳眼上下对照。整体朝西北。（图 55-2、图 55-2D）

图 55-2

图 55-2D

第五十六势　右披身打虎

本势分 3 个节拍。

（1）接上势。松右胯，重心移至右腿，扣左脚。两拳变掌向身体两侧外掤略低于肩，掌心朝各自侧面，指尖斜向前。（图 56-1）

图 56-1

（2）重心移至左脚，腰右转迅速朝向西南方，两掌外旋掌心朝上回抽至各自腰间，提右膝。整体朝西南。（图 56-2）

图 56-2

图 56-3

（3）松左胯，右腿向西南方上步呈右弓步，两掌变拳。左拳立拳直打出与肩高，拳眼向上，下与右脚尖对照（略偏左），右拳向右抡起盖砸左拳，两拳眼上下对照。整体朝西南。（图 56-3）

注：第 2 节拍转身时以左脚后跟为圆心，利用腰腹核心力旋转身体。

第五十七势　左蹬脚

本势分 3 个节拍。

（1）接上势。松左胯，重心移至左腿，扣右脚朝南。两拳变掌，各自向身体两侧掤开略低与肩，掌心斜朝身体外侧，指尖斜向前。（图 57-1）

图 57-1

（2）重心移至右腿，两臂下落小臂交叉后抬起至胸前，掌心朝内，指尖斜向上，左掌在外，提左膝。（图 57-2）

图 57-2

图 57-3

（3）两臂微微上抬至鼻前，左臂向左下，右臂向右下，弧线下落至身体两侧，两掌与肩平。左腿随两臂微微上抬后，用脚后跟向东南方向蹬出，脚尖回勾，高度在大腿水平。整体朝南。（图 57-3）

第五十八势　双峰贯耳

本势分 2 个节拍。

（1）接上势。左小腿放松下垂时，松右胯，腰迅速左转身体朝东北方，两掌外旋掌心朝上后抽至各自腰侧。（图 58-1）

图 58-1

（2）松右胯，左腿向东北方上步呈左弓步，两掌变拳向后、向外，再向东北方摆拳。两臂伸展，两拳面相击，间距三拳左右，拳眼朝下，高于头，下与左膝内侧相照。整体朝东北。（图 58-2、图 58-2B）

图 58-2

图 58-2B

第五十九势　右蹬脚

本势分 3 个节拍。

（1）接上势。松右胯，重心移至右腿，腰右转，扣左脚朝东。两拳变掌，各自向身体两侧掤开略低与肩，掌心斜朝身体外侧，指尖斜向前。整体朝东。（图 59-1）

图 59-1

（2）重心移至左腿，两臂下落，小臂交叉后抬起至胸前，掌心朝内，指尖斜向上，右掌在外，提右膝。（图 59-2）

图 59-2

图 59-3

（3）两臂微微上抬至鼻前，左臂向左下，右臂向右下，弧线下落至身体两侧，两掌与肩平。右腿随两臂微微上抬后，用脚后跟向东南方向蹬出，脚尖回勾，高度在大腿水平。整体朝东。（图 59-3）

第六十势 转身左蹬脚

本势分 4 个节拍。

（1）接上势。右腿叉步经左腿后落于左脚外侧，前掌着地，脚后跟向北。两掌内旋掌心朝前，指尖相照，两臂掤圆。（图 60-1、图 60-1B）

图 60-1

图 60-1B

（2）重心移至右腿，腰右转，扣左脚朝北。重心移至左腿，摆右脚尖朝东。重心移至右腿，两臂掤圆随身体转动保持不变。整体朝北。（图 60–2、图 60–2D）

图 60–2

图 60–2D

（3）腰右转，两臂下落，小臂交叉后抬起至胸前，掌心朝内，指尖斜向上，左掌在外，收左腿并步后提膝。整体朝东。（图 60–3）

图 60–3

（4）两臂微微上抬至鼻前，左臂向左下，右臂向右下，弧线下落至身体两侧，两掌与肩平。左腿随两臂微微上抬后，用脚后跟向东北方向蹬出，脚尖回勾，高度在大腿水平。整体朝东。（图 60–4）

图 60–4

第六十一势　进步双捶

本势分 4 个节拍。

（1）接上势。松右胯，身体微下蹲，两掌按至各自胯前，左脚尖点地并步（图 61–1）。左腿迅速向东上步呈左弓步，腰右转，左手随上步撩掌至对方裆部位置，掌心斜朝前，指尖斜向下，屈肘，右掌心朝下按在右胯外（图 61–1.1）。

图 61–1

图 61–1.1

（2）松左胯，迅速向东上右步呈右弓步，腰左转，右手随上步撩掌至对方裆部位置，掌心斜朝前，指尖斜向下，屈肘，左掌心朝下按在左胯外。（图 61–2）

图 61–2

图 61–3

（3）重心移至左腿，两掌变勾手收至各自胯前。（图 61–3）

（4）迅速向东上左腿呈左弓步，两勾手合劲以手背向对方的腹部撩打。整体朝东。（图 61–4）

图 61–4

第六十二势　退步搂膝

本势分 8 个节拍。

（1）接上势。重心移至右腿，腰左转。左勾手变掌外旋摆至身体左侧，掌心朝上与肩平，眼看左手。右勾手变掌，掌心朝下平抹至胸前（图 62-1）。扣左脚向南，重心移至左腿，腰右转，身体朝南。左掌心托左耳，头回正看向南，右掌外旋，掌心朝内，指尖向左，提右膝（图 62-1.1）。整体朝南。

图 62-1

图 62-1.1

（2）松左胯，腰右转，右腿向南上步呈右弓步。左掌下按至左下颌外侧，然后向南立掌，推出与肩高。右掌内旋掌心朝下，下按至腹前，待右弓步时右掌划过右膝止于外侧，掌心斜朝下，指尖向左前。整体朝南。（本节拍图示请前后参考）

（3）重心移至左腿，腰右转，右掌外旋摆至身体右侧，掌心朝上与肩平，眼看右手。左掌心朝下平抹至胸前。扣右脚向北，腰左转，重心移至右腿，腰左转，身体朝北。右掌心托右耳，头回正看向北。左掌外旋，掌心朝内，指尖向右，提左膝。整体朝北。（图 62-3）

图 62-3

（4）松右胯，腰左转，左腿向北上步呈左弓步。右掌下按至右下颌外侧，然后向北立掌推出与肩高。左掌内旋掌心朝下，下按至腹前，待左弓步时左掌划过左膝止于外侧，掌心斜朝下，指尖向右前。整体朝北。（图 62-4）

图 62-4

图 62-5

（5）重心移至右腿，腰左转，左掌外旋摆至身体左侧，掌心朝上与肩平，眼看左手。右掌心朝下平抹至胸前（图 62-5）。扣左脚向西南，重心移至左腿，腰迅速右转，以脚后跟为圆心带动身体朝西。左掌心托左耳，头回正看向西。右掌外旋，掌心朝内，指尖向左，提右膝。整体朝西。

（6）松左胯，右腿向西上步呈右弓步，腰右转。左掌下按至左下颌外侧，然后向西立掌推出与肩高。右掌内旋掌心朝下，下按至腹前，待右弓步时右掌划过右膝止于外侧，掌心斜朝下，指尖向左前。整体朝西。（图 62-6）

图 62-6

（7）重心移至左腿，腰右转。右掌外旋摆至身体右侧，掌心朝上与肩平，眼看右手。左掌心向下平抹至胸前，扣右脚向东，腰左转，重心移至右腿。身体朝东。右掌心托右耳，头回正看向东。左掌外旋，掌心朝内，指尖向右，提左膝。整体朝东。（图 62–7）

图 62–7

图 62–8

（8）松右胯，左腿向东上步呈左弓步，腰左转。右掌下按至右下颌外侧，然后向东立掌推出与肩高。左掌内旋掌心朝下，下按至腹前，待左弓步时左掌划过左膝止于外侧，掌心斜朝下，指尖向右前。整体朝东。（图 62–8）

注：本势为套路中步伐四正的经典动作，节拍虽多，但只是方向、左右不同而已，身法标准都一样。第 5、7 节拍转身时需迅速，利用腰腹的核心力量旋转身体。动作图示前后左右整体参考以理解招式身法。

第六十三势 掤拳撩打

本势分 2 个节拍。

图 63-1

（1）接上势。松左胯，腰右转，扣左脚身体右转朝南，收右脚尖点落地并步。右掌心朝下平抹收至胸前约一掌距离，再外旋至掌心朝内，指尖向左。左掌心朝下收至腹前，指尖向右。两掌上下对照。（图 63-1）

图 63-2

（2）右脚垫步向南，左脚跟步震脚，重心在左腿，腰右转。右掌背向南掤打与肩同高，左掌变拳立拳打出，在右掌下方。整体朝南。（图 63-2）

第六十四势　垫步按

本势分 2 个节拍。

（1）接上势。腰左转，右掌收回胸前，左拳变掌，掌心朝上收回左腰。（图 64-1）

图 64-1

（2）右脚垫步向南，左脚跟步震脚，重心在左腿，腰右转。右掌内旋掌心朝前向南按打，指尖向左。左掌内旋，掌心朝前立掌打出，在右掌下方。整体朝南。（图 64-2）

图 64-2

第六十五势　掤拳撩打

本势分 2 个节拍。

（1）接上势。扣右脚向北，腰左转，身体朝向北，重心移至右腿，收左脚尖点地并步。左掌外旋上提至胸前一掌距离，掌心朝内，指尖向右。右掌下按至腹前，掌心朝下，指尖向左。两掌上下对照。（图 65–1）

图 65–1

（2）左脚垫步向北，右脚跟步震脚，重心在右腿，腰左转。左掌背向北掤打与肩同高。右掌变拳立拳打出，在左掌下方。整体朝北。（图 65–2）

图 65–2

第六十六势 垫步按

本势分 2 个节拍。

（1）接上势。腰右转，左掌收回胸前。右拳变掌，掌心朝上收回右腰。（图 66-1）

图 66-1

（2）左脚垫步向北，右脚跟步震脚，重心在右腿，腰左转。左掌内旋掌心朝前向北按打，低于胸部，指尖向右。右掌内旋，掌心朝前立掌打出，在左掌下方。整体朝北。（图 66-2）

图 66-2

第六十七势　掤拳撩打

本势分 2 个节拍。

（1）接上势。扣左脚向西，腰迅速右转，以脚后跟为圆心带动身体朝向西，重心移至左腿，收右脚尖点地并步。右掌外旋上提至胸前一掌距离，掌心朝内，指尖向左。左掌下按至腹前，掌心朝下，指尖向右。两掌上下对照。（图 67–1）

图 67–1

（2）右脚垫步向西，左脚跟步震脚，重心在左腿，腰右转。右掌背向西掤打与肩同高。左掌变拳立拳打出，在右掌下方。整体朝西。（图 67–2）

图 67–2

第六十八势　垫步按

本势分 2 个节拍。

（1）接上势。腰左转。右掌收回胸前。左拳变掌，掌心朝上收回左腰。（图 68-1）

图 68-1

（2）右脚垫步向西，左脚跟步震脚，重心在左腿，腰右转。右掌内旋掌心朝前向西按打，低于胸部，指尖向左。左掌内旋，掌心朝前立掌打出，在右掌下方。整体朝西。（图 68-2）

图 68-2

第六十九势　掤拳撩打

本势分 2 个节拍。

（1）接上势。扣右脚向东，腰左转，身体朝向东，重心移至右腿，收左脚尖点地并步。左掌外旋上提至胸前一掌距离，掌心朝内，指尖向右。右掌下按至腹前，掌心朝下，指尖向左。两掌上下对照。（图 69–1）

图 69–1

（2）左脚垫步向东，右脚跟步震脚，重心在右腿，腰左转。左掌背向东掤打与肩同高。右掌变拳立拳打出，在左掌下方。整体朝东。（图 69–2）

图 69–2

第七十势　垫步按

本势分 2 个节拍。

（1）接上势。腰右转，左掌收回胸前。右拳变掌，掌心朝上收回右腰。（图 70-1）

图 70-1

（2）左脚垫步向东，右脚跟步震脚，重心在右腿，腰左转。左掌内旋掌心朝前向东按打，低于胸部，指尖向右。右掌内旋，掌心朝前立掌打出，在左掌下方。整体朝东。（图 70-2）

图 70-2

注：以上八势是套路中经典的步伐四正动作，只是方向、左右不同，身法要求均相同。

第七十一势　双撩中心掌

本势分 3 个节拍。

（1）接上势。松右胯，提左腿向东上步呈左弓步，腰右转再左转，同时右掌外旋、左掌内旋，右掌上提、左掌下按，两掌大鱼际在胸前相搓。然后迅速右掌内旋下按、左掌外旋上提，两掌大鱼际再次在胸前相搓。右掌按至右胯外，掌心朝下，指尖向前。左手心朝上撩掌至左膝上方内侧，高度在腰部。（图 71-1）

图 71-1

图 71-2

（2）重心上移，腰左转，提右膝。左臂沉肘，左掌立起在左腹前，指尖向上与鼻高。右掌变拳，立拳提至右腰，拳面向前。（图 71-2）

（3）落震右脚，迅速向东送出左腿，左脚后跟着地，腰左转。左小臂向前送肘尖。右拳经过左肘尖下方向前打出，与左肘尖上下相照。整体朝东。（图 71-3）

图 71-3

第七十二势　窜步掌

本势分 4 个节拍。

（1）接上势。扣左脚向西，腰右转。左掌抹至右肩头，掌心朝下，指尖斜向上。右拳变掌外旋，掌心朝上，指尖斜向下。左上右下两臂向叠。重心移至左腿，提右膝，身体右转朝西。（图 72–1）

图 72–1

图 72–2

（2）松左胯，右腿向西北方上步呈右弓步，腰右转。右臂带右掌心朝上斜捌至右肩前方，左掌心朝下按至左胯外侧。（图 72–2）

（3）腰右转，左前脚掌擦地迅速向西北方撩起，脚尖回勾。左掌随左脚向西北方上穿后推掌，高于肩，掌心朝前，指尖向上。右掌以小鱼际领劲下切至左肘关节，掌心朝上，指尖斜向左。（图 72–3）

图 72–3

图 72-4

（4）左脚后跟落地后重心移至左腿，腰左转，右前脚掌擦地迅速向西北方撩起，脚尖回勾。右掌内旋前推，高于肩，掌心朝前，指尖向上。左掌外旋，掌心朝上回抽至左腰，指尖向前。整体朝西北。（图 72-4）

第七十三势　猴儿顶云

本势分 6 个节拍。

（1）接上势。腰左转，左臂向上后抽抬起时再继续外旋升起至肩平，眼看左手（图 73-1）。腰右转，手掌上托回收照左耳，头回看向西。右掌外旋掌心朝上下落与肩平，同时收右脚尖并步，右臂保持不动（图 73-1.1）。

图 73-1

图 73-1.1

（2）松左胯，撤右步，后移重心，腰右转，右掌内旋下按至右胯外侧，左掌稍下落从左下颌向前立掌推出与肩平。（图 73–2）

图 73–2

图 73–3

（3）腰右转，右臂外旋掌心向上后抽抬起时再继续外旋升起至肩平，眼看右手。腰左转，手掌上托回收照右耳，头回看向西，同时收左脚尖并步，左臂保持不动。（图 73–3）

图 73–4

（4）松右胯，撤左步，后移重心，腰左转，左掌内旋下按至左胯外侧，右掌稍下落从右下颌向前立掌推出与肩平。（图 73–4）

（5）腰左转，左臂外旋向上后抽抬起时再继续外旋升起至肩平，眼看左手，腰右转，手掌上托回收照左耳，头回看向西，同时收右脚尖并步，右臂保持不动。（图 73-5）

图 73-5

图 73-6

（6）松左胯，撤右步，后移重心，腰右转，右掌内旋下按至右胯外侧，左掌稍下落从左下颌向前立掌推出与肩平。整体朝西。（图 73-6）

注：本势身法与前“猴儿顶云”相同，只是身体朝向不同，动作图示可相互参考理解。

第七十四势　转身反单鞭

本势分 4 个节拍。

（1）接上势。松右胯，左掌下落至左胯外，右掌随之稍下落。两掌外旋掌心朝上前托与肩平，指尖向前。（图 74-1）

图 74-1

（2）腰右转，摆右脚向北，扣左脚，两掌内旋掌心朝下，俯掌向右平抹，右臂向东展开，左掌靠近右胸，指尖均向右。（图 74-2、图 74-2D）

图 74-2

图 74-2D

（3）重心移至左腿，收右脚并步，脚尖点地。左掌变勾手，曲肘微展至左肩前。右掌内旋掌心朝内，大拇指领劲弧形下落、上提至左脸外侧，指尖向上。提右膝至大腿水平。（图 74-3、图 74-3D）

图 74-3

图 74-3D

（4）腰右转，右腿向东上步呈右弓步，右臂向上，然后内旋以小鱼际领劲立掌，向东方劈出，展平，至右膝上方与肩高，左勾手微微外撑，两手有相合之意。身体斜朝东北，头看向东。（图 74-4、图 74-4D）

图 74-4

图 74-4D

注："正单鞭"为左弓步，此势为右弓步，左右手型不同，故称"反单鞭"，但身法要求相同。

第四节　第四段套路动作分节解析

第四段从第七十五势"叉步云手"到第九十二势"转身反单鞭"。

第七十五势　叉步云手

本势分 5 个节拍。

（1）接上势。重心移至左腿，左脚尖外摆向北，腰左转。右掌内旋下落至右腹前，掌心朝内，指尖斜向左下。左小臂在左肩前扬起，勾手变掌内旋掌心朝前，指尖斜向上，眼看左掌背。（图 75-1、图 75-1D）

图 75-1

图 75-1D

（2）腰右转，右腿从左腿后向左叉步，前脚掌着地，脚尖向东北。右掌弧形提起，经过脸部后内旋掌心朝前运行至右脸前，指尖向上，眼看右掌背。左掌内旋向左向下落，弧形收至左腹前，掌心朝内，指尖向右下。（图 75-2、图 75-2D）

图 75-2

图 75-2D

（3）重心移至右腿，左腿向西开步，腰左转。右掌内旋后向右向下收至右腹前，掌心朝内，指尖向左下。左掌弧形提起经过脸部后内旋运行至左脸前，掌心朝前，指尖向上，眼看左掌背。（图 75-3）

图 75-3

图 75-4

（4）重心移至左腿，腰右转，右腿向左叉步，前脚掌着地，脚尖向东北。右掌弧形提起，经过脸部后内旋掌心朝前运行至右脸前，指尖向上，眼看右掌背。左掌内旋向左向下落，弧形收至左腹前，掌心朝内，指尖向右下。（图 75-4）

（5）重心移至右腿，左腿向西开步，腰左转。右掌内旋后向右向下收至右腹前，掌心朝内，指尖向左下。左掌弧形提起经过脸部后内旋运行至左脸前，掌心朝前，指尖向上，眼看左掌背。整体朝北。（图 75-5）

图 75-5

注：此势与前面的“云手”在步法上有不同，前面为并步，这里为叉步，但手型要求相同，可参考前面的动作说明。

第七十六势　反单鞭下势

本势分 2 个节拍。

（1）接上势。重心移至左腿，收右脚并步，脚尖点地。左掌变勾手下落与肩平。右掌提起至左脸外侧，掌心朝内，指尖向上。左勾手提起与眉高。右掌稍上提，提右膝，头看向东。（图 76-1）

图 76-1

（2）松左胯下蹲，右腿脚尖回勾，脚后跟擦地向东蹬出伸直贴地，腿肚贴地，右掌下插（掌心朝左），指尖向下，落到右大腿处时指尖向东，停在右大腿内侧，左勾手在头部左侧略上方。整体朝东。（图 76-2）

图 76-2

第七十七势　金鸡独立

本势分 3 个节拍。

（1）接上势。蹬左腿，重心移至右腿呈右弓步。右掌顺大腿前穿过膝盖后挑掌向上，掌心朝左。左勾手变掌顺势下落至左膝外侧上方，掌心朝右，指尖向东。（图 77–1）

图 77–1

图 77–2

（2）松右胯，提左膝，抬平迅速弹腿，收脚尖自然下垂。左掌随之前行至左膝后挑掌向上，穿至鼻尖前立掌。右掌按至右胯前，指尖斜向左。（图 77–2）

（3）松右胯，落左腿，重心移至左腿，提右膝抬平迅速弹腿，收脚尖自然下垂。右掌指尖向上挑掌至鼻尖，掌心朝左。左掌按至左胯前，指尖斜向右。整体朝东。（图 77–3）

图 77–3

第七十八势　左泰山升气

本势分 3 个节拍。

（1）接上势。松左胯，腰左转，右脚后跟向前盖步落地，脚尖向东南，右掌向左微推，左掌外旋上提与右小臂交叉。（图 78–1）

图 78–1

图 78–2

（2）移重心至右腿，提左腿向东北开半步，脚尖向东北，两小臂进一步交叉，右上左下相叠，重心移至左腿，提右膝。（图 78–2）

（3）身体向东北方倾斜，右腿迅速向西南方向蹬出，脚尖回勾。右掌沿右腿外侧迅速向下推出，掌心斜朝下，指尖向前。左臂向头部上方横捌伸直，左掌心朝上，指尖斜向上。头部与身体保持一致，眼看右腿。身体朝东南，两臂呈一直线，左臂朝东北，右臂朝西南。（图 78–3）

图 78–3

第七十九势　左斜飞势

本势分 2 个节拍。

（1）接上势。落右脚前掌并步。右掌平抹提至左肩头前方，掌心向下，指尖斜向上。左掌下切至右腹前方，掌心朝上，指尖向右。两臂上下相叠。身体回正，眼看向东北。（图 79-1）

图 79-1

（2）重心移至右腿，腰左转，左腿向东北上步呈左弓步，左臂横挒至头部前方自然伸直。左掌心朝上，指尖斜向上。右掌下按右胯前方，掌心朝下，指尖斜向前。整体朝东北。（图 79-2）

图 79-2

第八十势　左提手上势

本势分 2 个节拍。

图 80-1

（1）接上势。松左胯，腰左转，右脚跟步，左掌内旋掌心朝右后弧形回抽至胸前，右掌挑掌朝前至左掌前方，两掌指尖向前，掌心相照。（图 80-1）

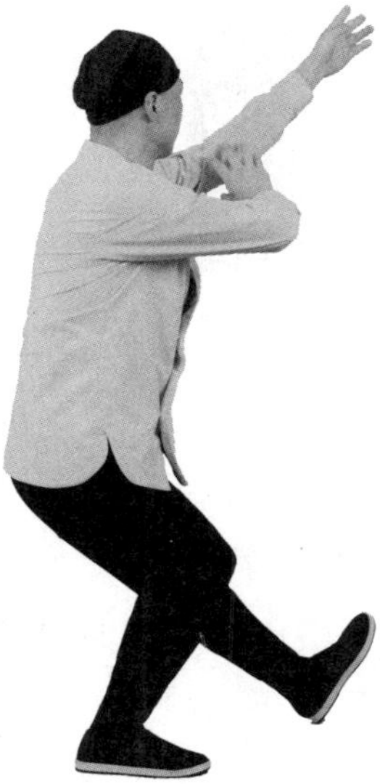

图 80-2

（2）重心移至右腿，松右胯，左腿后跟擦地向东北方前蹚半步，脚后跟落地。左掌弧形下落后上挑，右掌回抽，与左肘内相后合劲向东北上方托起，推出至左臂伸直。左掌心朝上，指尖斜向前。右掌心朝左，指尖斜向上。整体朝东北。（图 80-2）

第八十一势　左白鹤亮翅

本势分 3 个节拍。

（1）接上势。腰右转，左脚尖落地并步后向西撤，脚尖朝东。左掌内旋掌心朝下弧形下抹至左腹前，指尖斜向右。右掌收回左胸口前，掌心朝内，指尖向左。整体朝东。（图 81-1）

图 81-1

图 81-2

（2）左脚踏实，重心移至左腿，腰右转，收右脚并步，脚尖点地，两掌移至身体右侧。（图 81-2）

（3）腰右转再左转，右腿前出半步，脚尖点地，左掌内旋后向身体左前方掤出弧形展开左臂。左掌在左额前上方，掌心朝前，指尖斜向右上。右掌下按至右胯外侧，掌心朝下，指尖斜向左。整体朝东。（图 81-3）

图 81-3

第八十二势　右搂膝拗步

本势分 2 个节拍。

（1）接上势。腰右转再左转，两臂先随腰转向右，再向左，眼看左手。左掌外旋下抽至左胯外侧后外旋抬至肩高，屈肘以掌心照左耳。右掌内旋掌心朝下平抹至左肩内侧。头回正看向东。左掌指尖轻触左耳外轮廓。右掌外旋掌心朝内，指尖朝左。提右膝至大腿水平，小腿、脚自然下垂。

（2）松左胯，左掌下按至下颌左侧，右掌内旋按至腹前，右腿向东上步呈右弓步，腰右转。左掌立掌前推出与肩平。右掌划过右膝向右止于右膝外侧，掌心斜朝右后，指尖斜向左下。整体朝东。

本势动作图示请参考前面相关动作图示，图 82 略。

第八十三势　海底针

本势分 3 个节拍。

（1）接上势。松右胯，腰右转，左腿跟步。左臂下落同腰高，掌心朝右，指尖向前。右掌合左小臂前段，指尖向上。（图 83–1）

图 83–1

图 83–2

（2）重心后移至左腿，腰左转，收左肘至左腰间，右掌随之，提右膝。（图 83–2）

（3）沉左胯下蹲，腰右转，右脚向东伸展，脚尖点地。左掌手腕下垂，指尖领劲插向前下方地面，掌心朝右，右掌随左臂向前。整体朝东。（图 83–3）

图 83–3

第八十四势　右扇通臂

本势分 2 个节拍。

（1）接上势。起左腿，提右膝，左臂抬起与肩同高，右掌随之。（图 84–1）

图 84–1

图 84–2

（2）右腿向东上步，呈右弓步，右掌立掌向前推与肩平，掌心朝前，指尖向上。左臂向左外上掤出，左掌心朝左上，指尖斜向前上，略高于头部。整体朝东。（图 84–2）

第八十五势 左撇身捶

本势分 4 个节拍。

（1）接上势。松左胯，腰左转，重心移至左腿，扣右脚。右掌指尖领劲掌心朝上弧线运动，顶掌至头顶，指尖向左。左掌变拳下落至右胸口，拳心朝下，拳眼向内。再移重心至右腿，腰左转。身体朝北，眼看向西。（图 85-1）

图 85-1

图 85-2

（2）腰迅速左转，身体朝西，左脚活步脚跟着地，脚尖翘起。左拳随腰身左转，拳背下砸于胸前。右掌下按于左肘内侧，掌心朝左，指尖斜向上。整体朝西。（图 85-2）

（3）迅速移重心至左腿，腰左转，左拳内旋拳心朝下收至左腰，右掌迅速向西推出，略低于肩。（图 85-3）

图 85-3

（4）迅速后移重心至右腿，腰右转，左拳立拳向西打出略低于肩，右掌下按至右胯外侧。整体朝西。（图 85-4）

图 85-4

注：要求同第四十一势，左右不同而已。

第八十六势　进步左搬拦捶

本势分 4 个节拍。

（1）接上势。松右胯，腰右转，左拳外旋，左小臂横收至腹前，拳心朝上。右掌贴于左腕部，提左膝。（图 86-1）

图 86-1

图 86-2

（2）左腿迅速弹腿后向西上步呈左弓步，腰左转。左小臂在腰部高度迅速向左横挒，右掌随之推送。左拳心朝上，拳眼向左。（图 86-2）

（3）松左胯，腰左转，右腿向西越步擦地蹬出，脚后跟落地。右掌随之立掌前推略低于肩，与右脚尖上下相照，掌心朝前，指尖向上。同时收左拳至左腰间，拳心向上。（图 86–3）

图 86–3

图 86–4

（4）腰右转，回正，迅速前移重心至右腿呈右弓步，左拳立拳向前打出与肩平，右掌回抽立掌贴于左小臂前端。整体朝西。（图 86–4）

此势与前面出现的“搬拦捶”动作相反，前面有拳为捶，本势左拳为捶，左右势可相互参照。

第八十七势　如封似闭

本势分 3 个节拍。

（1）接上势。腰左转再右转，右掌外旋贴左臂后抽，掌心朝上从左臂下方向前捋出与左掌齐平，左拳变掌外旋掌心朝上，两掌间相隔一掌距离。整体朝西。（图 87–1）

图 87–1

（2）松左胯，重心移至左腿，两掌内旋相合向下捋按于腹前，掌心斜朝下，指尖向前。（图 87-2）

图 87-2

图 87-3

（3）重心移至右腿，两掌相合向前推出至胸前，两臂微屈，掌心朝前，指尖向上。同时左腿跟步，前脚掌着地。整体朝西。（图 87-3）

第八十八势　簸箕势

本势分 3 个节拍。

（1）接上势。松右胯，左脚越步脚后跟着地，两掌向后下捋按至腹前，过程中两掌微微分开即又相合。（图 88-1）

图 88-1

（2）身体迅速移重心至左腿，两掌外旋，掌心朝上，指尖向前，以小鱼际相合迅速向前上托出。（图 88-2）

图 88-2

图 88-3

（3）松左胯，两肘迅速回抽至两腰间，两掌心朝上，指尖向前，同时右腿迅速向前蹬出，大腿水平高度，脚尖向上。整体朝西。（图 88-3）

注：要求参照第十三势。

第八十九势　双托掌

本势 1 个节拍。

接上势。右脚前落，然后迅速移重心至右腿上左步，呈左弓步。两掌从腰间向前展臂托出，两掌心朝上，指尖向前。整体朝西。（图 89）

注：身法要求参照第十四势。

图 89

第九十势　十字手

本势分 2 个节拍。

（1）接上势。松右胯，移重心至右腿，右脚外摆朝北，扣左脚，腰右转，身体朝北。两臂内旋掌心朝下，与各自体侧展平，与肩同高。（图 90-1）

图 90-1

（2）收左脚半步宽，两臂内旋掌心朝后，然后向下交叉于腹前继续上托至胸前，距离两横拳距离，左手在外，掌心朝内，指尖斜向上。整体朝北。（图 90-2）

图 90-2

注：此势“十字手”为左势，收左脚，左手在外，与前“十字手”略有不同。

第九十一势　左抱虎归山

本势分 7 个节拍。

（1）接上势。腰左转，重心在左腿，扣右脚。左掌外旋掌心朝上，横捌于左肩前方。右掌外旋下落至右胯外侧。整体朝西北。（图 91–1）

图 91–1

图 91–2

（2）腰右转，重心移至右腿。右掌继续后抽外旋抬至肩高，眼看右手扬起，掌心照耳朵。左掌内旋掌心朝下，平抹收至胸口上。腰左转，头回看向西。右臂屈肘指尖轻触右耳外廓。左掌外旋掌心朝内，指尖向右，提左膝。整体朝西。（图 91–2）

（3）松右胯，右掌下按至右下颌，左掌下按至腹前。左腿向西上步呈左弓步，腰左转。右掌向西推出与肩高。左掌外旋掌心朝内，指尖贴着腹部横向左腰外侧虚虚搂抱过去。（图 91–3）

图 91–3

（4）松左胯，腰左转，右脚跟步。右掌外旋掌心朝上再下落。左掌手背领劲向右臂上方前掤出，然后内旋掌心朝下。左掌在上在前，右掌在下在后（图 91-4）。重心后移至右腿，腰右转带动两手合劲向下捋至右胯外侧。

图 91-4

（5）腰左转，左掌外旋上提至腹前，右掌内旋指尖照在左手腕部（图 91-5）。提左膝向西南上步呈左弓步，左臂向前挤出与肩高。整体朝西南（图 91-5.1）。

图 91-5

图 91-5.1

（6）松左胯，右脚跟步，两掌心向下按收至腹前。（图 91-6）

图 91-6

图 91-7

（7）重心移至右腿，提左腿向西南上步呈左弓步，两手立掌合劲向前推出，与胸部同高。整体朝西南。（图 91-7）

第九十二势　转身反单鞭

本势分 3 个节拍。

（1）接上势。松右胯，重心移至右腿，腰右转，扣左脚，摆右脚向北。两手俯掌向右平抹，右臂向东展开，左掌靠近右胸，指尖均向右。（图 92-1）

图 92-1

（2）重心移至左腿，收右脚并步，脚尖点地。左掌变勾手曲肘微展至左肩前。右掌内旋掌心朝内，大拇指领劲弧形下落、上提至左脸外侧，指尖向上。提右膝至大腿水平。（图 92-2）

图 92-2

（3）腰右转，右腿向东上步呈右弓步，右臂向上，然后内旋以小鱼际领劲立掌，向东方劈出，展平，至右膝上方与肩高，左勾手微微外撑，两手有相合之意。身体斜朝东北，头看向东。（图 92-3）

图 92-3

注：后视图动作图示请参照前面第七十四势“转身反单鞭”图示。

第五节　第五段套路动作分节解析

第五段从第九十三势“顺势採挒 ”到第一百零七势“单鞭”。

第九十三势　顺势採挒

本势分 2 个节拍。

（1）接上势。松左胯，重心移至左腿，腰左转，扣右脚。右掌外旋掌心朝上，变直掌在肩部水平向左运行。左勾手变俯掌与右小臂前段相合。（图 93-1、图 93-1D）

图 93-1

图 93-1D

（2）腰继续左转至身体朝南，两掌右前左后随身体旋转合劲向左脚前方右侧下採。右掌心朝前。左掌心朝下，指尖都向右。身体旋转向南时，两腿微下蹲，身体微前屈，左脚外摆朝南，右前脚掌着地朝西南。身体朝南，头看向西南下。（图 93-2）

图 93-2

注：第 2 节拍定势时，两腿左前右后交叉，身法比歇步高。身体前屈时，不可低头。

第九十四势　壮牛饮水

本势分 2 个节拍。

（1）接上势。松左胯，腰左转，提右膝，两手左捋至左掌在左腰前，右掌在裆前。（图 94–1）

图 94–1

（2）右腿向西上步，左腿横向快速跟步，距离小半步距离，重心在左腿，身体微下蹲。两掌保持合劲下插向右脚尖前方。身体朝南，头看向右手。（图 94–2）

图 94–2

第九十五势　劈面肘靠

本势分 3 个节拍。

（1）接上势。重心移至右腿，提左腿盖步。左掌提至胸前，掌心朝内，指尖向右。右掌内旋掌心朝下，抹至腹前，指尖向左。（图 95-1）

图 95-1

（2）左脚踏实，右腿向西横向开步，重心移至右腿呈右侧弓步。

（3）两掌变拳，拳心朝下，两肘右上左下分开打出，两拳面相对，拳眼向内。两小臂右上左下在胸前呈一斜直线（图 95-3）。两臂外翻，两拳变掌反抽，两臂右上左下拉开呈一条斜直线，掌心朝上，指尖向各自方向，眼看右掌（图 95-3.1）。身体朝南，头看向西。

图 95-3

图 95-3.1

注：本势出现一个特别的步型——侧弓步，具体身法参考前面章节中的介绍。第 2 节拍向第 3 节拍身法移动时，以右肩领劲侧向移动。

第九十六势　野马分鬃

本势分 2 个节拍。

（1）接上势。重心移至左腿，扣右脚，腰左转。左掌横收至右腹前，掌心朝上，指尖向右。右掌内旋掌心朝下俯掌平抹至左肩头，指尖向左。右上左下两臂相叠。重心移至右腿，提左膝。整体朝东北。（图 96-1）

图 96-1

（2）左腿向东北方上步呈左弓步，左臂横挒，左掌心朝上，指尖斜向前，右掌朝下按至右胯外。（图 96-2）

图 96-2

注：身法可参考前面出现的“野马分鬃”动作解析。

第九十七势　进步肩靠

本势分 3 个节拍。

（1）接上势。松左胯，提右膝向东北方盖步。左掌内旋掌心向下平抹至右腰，指尖向右。右掌指尖上翘推掌至左肩头，掌心朝下。右上左下，两臂相叠。（图 97–1）

图 97–1

（2）右脚踏实，左腿向东北横向开步，以左肩头领劲，移重心至左腿，呈左侧弓步。

（3）两臂在胸前水平拉开左右打肘，两掌心朝下，指尖相对，头看向东北。身体朝东南。（图 97–3）

图 97–3

第九十八势　玉女穿梭

本势分 2 个节拍。

（1）接上势，腰左转，右腿横向跟步，前脚掌着地，左臂微抬外展，右掌心朝下按至右腰侧。（图 98-1）

图 98-1

（2）右脚踏实蹬地，提左腿向东北方上步呈左弓步，腰左转。左掌内旋向左额前方外侧掤开，掌心朝前，指尖斜向右。右掌立掌向左掌右侧下方推出，指尖向上。整体朝东北。（图 98-2）

图 98-2

注：本势定势右手手型为掌，与前面不同。

第九十九势　顺势採挒

本势为 1 个节拍。

接上势，松右胯，重心移至右腿，腰迅速右转，右脚外摆朝南，收左脚尖着地至右脚左侧。两掌左前右后合劲下捋採，左掌心朝前，右掌心朝下，指尖都向左，身体微下蹲。身体朝南，头看向东南。（图 99）

图 99

第一百势　投石入水

本势分 2 个节拍。

（1）接上势。提左膝，两手右捋至右掌在右腰前，左掌在裆前。（图 100–1）

图 100–1

图 100–2

（2）左腿向东上步，右腿横向快速跟步，距离小半步距离，重心在右腿，身体微下蹲。两掌保持合劲下插向左脚尖前方。身体朝南，头看向左手。（图 100–2）

第一百零一势　劈面肘靠

本势分 3 个节拍。

（1）接上势。重心移至左腿，提右腿盖步。右掌提至胸前，掌心朝内，指尖向左。左掌内旋掌心朝下，抹至腹前，指尖向右。（图 101-1）

图 101-1

（2）右脚踏实，左腿向东横向开步，重心移至左腿，呈左侧弓步。

（3）两掌变拳，拳心朝下，两肘左上右下分开打出，两拳面相对，拳眼朝内，两小臂左上右下在胸前呈一斜直线（图 101-3）。两臂外翻，两拳变掌反抽，两臂左上右下拉开呈一条斜直线，掌心朝上，指尖向各自方向，眼看左掌（图 101-3.1）。身体朝南，头看向东。

图 101-3

图 101-3.1

第一百零二势　野马分鬃

本势分 2 个节拍。

（1）接上势。重心移至右腿，扣左脚，腰右转。右掌横收至左腹前，掌心朝上，指尖向左。左掌内旋掌心朝下俯掌平抹至右肩头，指尖向右。左上右下两臂相叠。重心移至左腿，提右膝。整体朝西北。（图 102-1）

图 102-1

（2）右腿向西北方上步呈右弓步，右臂横挒，右掌心朝上，左掌心朝下按至左胯外。（图 102-2）

图 102-2

注：以上两个“野马分鬃”的动作可参考前面的身法，只是方向不同。

第一百零三势　进步肩靠

本势分 3 个节拍。

（1）接上势。松右胯，提左膝向西北方盖步。右掌内旋掌心向下平抹至左腰，指尖向左。左掌指尖上翘推掌至右肩头，左上右下。两臂相叠。（图 103-1）

图 103-1

（2）左脚踏实，右腿向西北横向开步，以右肩头领劲，移重心至右腿，呈右侧弓步。

（3）两臂在胸前水平拉开左右打肘，两掌心朝下，指尖相对。头看向西北。身体朝西南。（图 103-3）

图 103-3

第一百零四势　玉女穿梭

本势分 2 个节拍。

（1）接上势，腰右转。左腿横向跟步，前脚掌着地，右臂微抬外展，左掌心朝下按至左腰侧。（图 104-1）

图 104-1

（2）左脚踏实蹬地，提右腿向西北方上步呈右弓步，腰右转。右掌向右额前方外侧挪开，掌心朝前，指尖斜向左。左掌立掌向右掌左侧下方推出，指尖向上。整体朝西北。（图 104-2）

图 104-2

第一百零五势　左右风轮

本势分 4 个节拍

（1）接上势。松左胯，重心移至左腿，扣右脚向西，腰左转。右掌外旋下捋至胸前，掌心朝左，指尖向上。左掌外旋内收，左掌心朝右，指尖向上。两手腕交叉于胸前。（图 105-1）

图 105-1

图 105-2

（2）重心移至右脚，收左脚并步，左脚尖点地，腰右转，身体微下蹲。两手腕合劲向右运行至右肩外侧。右掌在下，掌心朝右，指尖斜向前。左掌心朝右，指尖向上。（图 105-2）

（3）左腿向东南方开步，重心移至左腿。两手腕合劲随腰右转再左转，从右肩头顺时针向下再转向左膝外侧运行。右掌在下，掌心朝左，指尖向前。左掌心朝下，指尖向右下。收右脚并步，脚尖点地。（图 105-3）

图 105-3

（4）右腿向西北方开步，重心移至右腿，两手腕合劲随腰左转再右转，向右膝外侧运行。至裆前时，右掌下落内旋上提，左掌外旋下落，两掌右上左下呈抱球式于右胸前。右掌心朝下，指尖向左。左掌心朝上，指尖向右。收左腿并步，脚尖点地。头看向南，身体朝西南。（图 105-4）

图 105-4

注：此势动作速度较快，加上身法重心的快速移动，需多次练习掌握动作要领。

第一百零六势　动步揽雀尾

本势分 5 个节拍。

接上势。左腿向南上步呈左弓步，左臂横掤于胸前，右掌心朝下按至右胯外。（图 106）

图 106

后面的第 2、3、4、5 节拍均与第三势中的第 3、4、5、6 节拍动作解析完全一样，故不再赘述。

第一百零七势　单鞭

与前面第四十四势相同，图 107 略。

第六节 第六段套路动作分节解析

第六段从第一百零八势“云手”到第一百二十九势。

第一百零八势“云手”、第一百零九势“单鞭”、第一百一十势“高探马”，均与前面第四十五势、第四十六势、第四十七势动作解析完全一样，故此处不再赘述，图 108、图 109、图 110 略。

第一百一十一势 三步穿掌

本势分 3 个节拍。

（1）接上势。左脚向前稍垫步，脚后跟落地，右掌外旋，掌心朝上向胸前下捋，左掌向胸前上穿。（图 111-1）

图 111-1

图 111-2

（2）重心移至左腿，腰右转，上右腿向东南，重心迅速移至右腿，左掌继续上穿，右掌下捋经过左掌时，在左小臂下方内旋，掌心朝下，指尖向左。（图 111-2）

（3）腰左转，左腿迅速向东北方上步呈左弓步。左臂在左膝上方向东穿伸，于胸高。左掌心朝上，指尖向前。右掌移至大臂，掌心朝下，指尖向左。整体朝东。（图 111-3）

注：此势中步伐为左、右、左，应迅速换步，脚落地时即上步移重心。

图 111-3

第一百一十二势　单摆莲

本势分 2 个节拍。

（1）接上势。松右胯，重心移至右腿，腰右转，扣左脚朝西。左掌内旋掌心朝下，随左臂向右俯掌向右平抹。右掌外旋掌心朝内，收至腹前。重心移至左腿，腰右转。身体转向西。右脚并步，脚尖点地。左掌抹至胸前一小臂的距离。（图 112-1）

图 112-1

图 112-2

（2）腰右转，提右膝外摆腿，左小臂下落。左掌内旋以掌击打右脚背，左掌停在左腿前方于胸高，掌心朝左，指尖向前。右掌右移动至右腰侧，掌心朝内。右膝保持提起，小腿自然下垂。整体朝西。（图 112-2）

第一百一十三势　前后打捶

本势分 5 个节拍。

（1）接上势。右脚后跟向西上步落地，腰左转，右掌变拳，立拳上撩向西打出，与胸同高，左掌心朝下按至左胯外。（图 113-1）

图 113-1

图 113-2

（2）重心移至右腿，左掌变拳，立拳上撩向西打出，与胸同高，右拳变掌心朝下按至右胯外。（图 113-2）

（3）重心后移至左腿，右脚尖翘起。（图 113-3）

图 113-3

（4）腰左转至身体朝东，扣右脚朝东，重心移至右腿，左脚尖翘起，右掌变拳，立拳上撩向东打出，与胸同高，左掌心朝下按至左胯外。（图 113-4）

图 113-4

图 113-5

（5）重心移至左腿，左掌变拳，立拳上撩向东打出，与胸同高，右拳变掌心朝下按至右胯外。整体朝东。（图 113-5）

第一百一十四势　手挥琵琶

本势为 1 个节拍。

接上势。松左胯，腰左转，右脚后跟擦地越步向前上半步，右掌随右腿上步从右胯向上撩起与肩平，左拳变掌合与右肘内侧，右掌心朝上，指尖向前。整体朝东。（图 114）

图 114

注：具体身法请参照前面第六势动作解析。

第一百一十五势　射雁势

本势分 2 个节拍。

（1）接上势。腰左转，扣右脚，身体左转向西，重心移至右脚，左脚尖翘起回勾。左小臂在胸前向前横掤，左掌心朝内照胸口，指尖向右。右肘回收腰间，掌心朝左，指尖对左掌心。整体朝西。（图 115-1、图 115-1D）

图 115-1

图 115-1D

（2）左腿向后大步后撤踏实为重心，同时右腿也随之撤半步，右脚尖点地。左掌心朝下按至左胯外。右掌变剑指，前指额头正中前上方，眼看剑指。整体朝西。（图 115-2）

图 115-2

注：此势出现剑指手型，参考前面章节说明。

第一百一十六势 进步搬拦捶

本势为 4 个节拍，与第四十二势中节拍动作解析完全相同，不再赘述。(图 116)

图 116

第一百一十七势 如封似闭

本势请参照第十二势，除方向不同外，其他均完全相同，此处不再赘述，图 117 略。

第一百一十八势 三步二按

本势分 4 个节拍。

(1) 接上势。腰左转，左腿向前稍垫步，脚后跟着地，两掌合劲向左向下捋按至腹前。(图 118-1)

图 118-1

（2）左腿踏实，向西上右步呈右弓步，两掌合劲推向胸前。（图 118-2）

图 118-2

图 118-3

（3）腰右转，两掌合劲向右向下捋按至腹前、左腿越步向西上步。（图 118-3）

（4）左腿踏实，向西上右步呈右弓步，两掌合劲推向胸前。整体朝西。（图 118-4）

图 118-4

第一百一十九势　全单鞭下势

本势分 5 个节拍。

（1）、（2）、（3）略。

注：前 3 个节拍均与第四十四势“单鞭”完全相同，故从第 4 节拍起作动作解析。

（4）重心移至右腿，腰右转，左掌收至胸前，掌心朝右，指尖斜向前下，右勾手稍上提，左膝提起，小腿自然下垂（图 119-4）。松右胯身体下蹲，左腿仆步向东落地伸出，左掌下穿至左大腿内侧上方，掌心朝右，指尖向前，右勾手提至右额上方。身体朝东南，头看向东（图 119-4.1）。

图 119-4

图 119-4.1

（5）蹬右腿，移重心至左腿呈左弓步，左掌随之前穿至左膝后挑掌向上掌心朝右，指尖向上于鼻高，右勾手内旋收至右胯后侧。整体朝东。（图 119-5）

注：此势与前面的“单鞭下势”有所不同，前面有一个完整的“单鞭”动作，故称“全单鞭下势”，后面 2 个节拍左右手运行也不同。

图 119-5

第一百二十势　上步七星脚

本势分 2 个节拍。

（1）接上势。腰左转，提右腿以右前脚掌向前上踢，然后脚尖落地。左掌变拳外旋，拳心朝内，拳面斜向右，左小臂向右稍倾斜。右勾手变拳，勾拳从左小臂前穿出，拳心朝内，拳面斜向左。两小臂右前左后交叉于胸前。（图 120–1）

图 120–1

图 120–2

（2）两手腕合劲向内、向下、向前翻转回至略高于眼部，右拳在外，两拳心都朝前。整体朝东。（图 120–2）

第一百二十一势　退步跨虎脚

本势为 1 个节拍。

接上势。右脚向西南方撤步踏实，右脚尖微朝南，重心移至右腿，腰右转，两臂各自向两侧分开，两拳变立掌内旋下落与各自肩前，左脚尖向东南抬起上挑至大腿水平高度。整体朝东南。（图 121）

图 121

杨澄甫先生体用本注：由前式。设敌人用双手按来，我即将两腕粘在敌之两腕里，左手往左侧下方挒开，右手往右侧上方黏起，两手心随向外翻，右脚随往后退一步，落下坐实，腰随往下沉劲。左足随之提起，脚尖点地，遂成跨虎形，使敌全身之力皆落空。此时则敌虽猛如虎，略一转动，便受我制矣。

第一百二十二势　转身双摆莲

本势分 5 个节拍。

（1）接上势。落左脚后跟，腰右转，左掌外旋掌心朝上找右手腕，右掌俯掌向左接左手，左上右下，两手腕交叉于胸前。（图 122-1）

图 122-1

（2）扣左脚，腰右转，重心移至左腿，摆右脚，腰右转至身体朝西北，两手腕交叉于胸前保持不动。（图 122-2）

图 122-2

（3）重心移至右腿，摆右脚朝东北，提左腿向西北上步，脚尖向东北，腰右转，身体朝东北。（图 122-3）

图 122-3

（4）腰右转，两手腕合劲向右向下运行。重心移至左腿，腰左转，两手腕在向左运行时分开，左掌在前，掌心朝下，右掌心朝左，两掌指尖向右捋至左膝前上方。（图 122-4、图 122-4B）

图 122-4

图 122-4B

（5）腰左转再右转，提右膝至左腿时外摆腿，用两掌左右先后击打右脚背，保持提右膝。整体朝东北。（图 122-5、图 122-5B）

图 122-5

图 122-5B

注：第 5 节拍时，以腰带腿外摆，击打两掌完毕后，两掌保持原地不变。

杨澄甫先生体用本注：由前式。设又有敌人，自我身后用右手打来，前后应敌于万急时，我即将右脚就原地，向右后方悬起左脚随身旋转。同时以两手及左腿用旋风势，以手脚向敌上下部刮去。复转至原位时，紧将敌右肘腕粘住，随绕敌之腕里，往左用捋带捌抽回，急用右脚背向敌胸肋部用横劲踢去，脚过似疾风摆荡莲叶。所谓柔腰百折在无骨，撤去满身都是手。此功之奥妙，非浅学者所可领略也。

第一百二十三势　弯弓射虎

本势分 2 个节拍。

（1）接上势。右腿向西南方撤步，右脚踏实，重心移至右腿，收左脚并步，脚尖点地。两掌向左弧行，再后捋至右胯前。右掌心朝下，指尖向前。左掌心斜朝右，指尖斜向前。身体朝东。（图 123-1）

图 123-1

(2)松右胯，腰右转再左转，提左腿向东上步，脚后跟着地，两掌变拳上提至肩部后，向东打出，左立拳与肩高，右倒立拳与头高，右拳眼与左拳眼上下相照。整体朝东。(图 123-2)

图 123-2

在接下一个招式时，重心前移至左脚，腰左转。右臂外旋，右拳弧形向下向左腰前运行，拳心向上，拳眼向前。左掌外旋，掌心朝上，向下向左弧形运动，然后内旋指尖达到右腕内侧。同时提右膝，接“搬拦捶”。

杨澄甫先生体用本注：由前式。设敌人往回撤身时，我即将左右手随敌之手粘去，复绕过敌之手腕间，向右侧旋转，握拳从左隅角击去，左手同时沉在敌右肘部击去，右腿随往右落下坐实，右手辄向敌胸部击去。皆要蓄其势，腰下沉劲，略如骑马裆式，左脚变虚，如成射虎弯弓之势也。

第一百二十四势“搬拦捶”除第 2 节拍不弹右腿外，其他均与第十一势相同，此处不再赘述，图 124 略。

第一百二十五势“如封似闭”、第一百二十六势“簸箕势”、第一百二十七势“双托掌”、第一百二十八势“十字手”均与第十二势、第十三势、第十四势、第十五势动作解析完全一样，故此处不再赘述，图 125、图 126、图 127、图 128 略。

第一百二十九势　太极合势

本势为 1 个节拍。

接上势。两臂弧形下落至各自向两侧，掌心相对，指尖斜向下，继续抬起与肩平(图 129-1)。两臂屈肘带动两掌俯掌向胸前合拢，指尖相对，再肩、肘、手下按至各自两胯前(图 129-2)。最后两掌外旋，下垂至大腿侧面，掌心朝腿，指尖向下。整体朝南。

收势。重心移至左腿，收右脚并步。身体从下向上依次节节升起至头顶百会，再依次节节松落下至脚底涌泉，身心放松，全套功法至此完毕。

图 129-1

图 129-2

杨澄甫先生体用本注：此为一套拳终了之时，学者尤不可忽略。合太极者，合两仪、四象、八卦、六十四卦，而仍归于太极。即收其心意气息，复全归于丹田，凝神静虑，知止有定，不可散失，以免贻笑于大方也。

参考文献

[1] 黄寿祺，张善文 . 周易译注 [M]. 北京：中华书局，2016.

[2] 朱熹 . 四书章句集注 [M]. 北京：中华书局，2016.

[3] 叶采，程水龙 . 近思录集解 [M]. 北京：中华书局，2020.

[4] 陈鼓应 . 老子注译及评介 [M]. 北京：中华书局，2009.

[5] 方勇 . 庄子 [M]. 北京：中华书局，2018.

[6] 孙武 . 图解孙子兵法与三十六计 [M]. 北京：北京联合出版公司，2019.

[7] 姚春鹏 . 黄帝内经 [M]. 北京：中华书局，2017.

[8] 苏颖，李霞 . 难经译释 [M]. 上海：上海科学技术出版社，2016.

[9] 杨继洲 . 针灸大成 [M]. 北京：人民卫生出版社，2006.

[10] 梁丘子 . 黄庭经集释 [M]. 北京：中央编译出版社，2015.

[11] 戚继光 . 纪效新书 [M]. 北京：中华书局，2017.

[12] 吴天明 . 论语本意 [M]. 北京：商务印书馆，2019.

[13] 唐豪 . 王宗岳太极拳经 [M]. 台北：逸文武术文化有限公司，2002.

[14] 陈鑫 . 陈氏太极拳图说 [M]. 山西：山西科学技术出版，2010.

[15] 杨澄甫 . 杨澄甫武学辑注 [M]. 北京：北京科学技术出版社，2016.

[16] 孙禄堂 . 孙禄堂武学集注 [M]. 北京：北京科学技术出版社，2016.

[17] 李约瑟 . 中国科学技术史 [M]. 北京：科学出版社，2011.

[18] 黄克刚 . 传统太极拳与生命健康 [M]. 武汉 : 武汉大学出版社 ,2021.

[19] 王庭槐 . 生理学 [M]. 北京：人民卫生出版社，2019.

[20] 王瑞元 . 苏全生 . 运动生理学 [M]. 北京：人民体育出版社，2012.

[21] 曹雪涛 . 医学免疫学 [M]. 北京：人民卫生出版社，2018.

[22] 薛一雪 . 神经生物学 [M]. 北京：科学出版社，2021.

[23] 丹尼尔 · 戈尔曼 . 情商 [M]. 北京：中信出版集团 ,2011.

[24] 黄晓琳，敖丽娟 . 人体运动学 [M] . 北京：人民卫生出版社，2018.

[25] 湖北省体委 . 岳家拳 [M]. 广州：科学普及出版社 ,1987.

[26] 李霞 . 道家之“德”的生命意蕴 [J]. 江苏大学学报，2012，14(6)：37-38.

[27] 徐海亮 . 陈小旺太极拳十大要论 [J]. 中华武术，2016(4):50-52.

后　　跋

在本书即将出版发行之际，黄旭华院士以九十九岁高龄离开了我们，想到我们再也不能跟师父一起打拳，再也没有机会为师父推一次轮椅，再也无法目睹师父标准版的“抱球”，再也得不到师父提纲挈领的指示：“圆”“轴“松”，不禁悲从中来，戚戚不能自已。

编者及全体编委继承、发扬黄院士的治学精神以及对待生命的积极态度，将杨式太极长拳发扬光大，让更多的人身心受益这一优秀的健康运动。

全体编委

二〇二五年三月